Russland im Krieg 1941 – 1945

Russland im Krieg 1941 – 1945

Vorwort von Harrison E. Salisbury

Einleitung von Wladimir Karpow

Texte von Georgi Drosdow und Jewgeni Ryabko

Herausgegeben von Carey Schofield

Weltbild

Genehmigte Lizenzausgabe für Verlagsgruppe Weltbild GmbH, Steinerne Furt, 86167 Augsburg

Designed and produced by John Calmann & King Ltd, London
Übersetzung: Hans Peter Treichler
Umschlaggestaltung: Coverdesign Uhlig, Augsburg, *www.coverdesign.net*
Gesamtherstellung: Westermann Druck Zwickau GmbH,
Crimmitschauer Straße 43, 08058 Zwickau

Printed in Germany

ISBN 3-8289-0578-1

2009 2008 2007 2006
Die letzte Jahreszahl gibt die aktuelle Lizenzausgabe an.

Inhalt

Dank

Diese Publikation entstand in Zusammenarbeit mit der UdSSR-Kommission bei der UNESCO. Der Herausgeber dankt im besonderen den Mitarbeitern der WAAP, der sowjetischen Urheberrechtsgesellschaft, für die Hilfe bei der Vorbereitung dieses Buches. Besonderen Dank schuldet er Ludmilla Smirnowa, Alexander Meledin und Alexander Melikow, ohne deren Freundlichkeit und Geduld die Arbeit um vieles schwieriger geworden wäre. Ein besonderer Dank gebührt auch Sergei Klockow von der UdSSR-Kommission bei der UNESCO für Hilfe und Unterstützung in allen Stadien des Projekts, ebenso Terry Charman vom Imperial War Museum in London für seine Beratung.

Die Zitate im Buch stammen aus den folgenden Quellen:

S. 25 Sergei Gwasow, Interview mit den Autoren, Kiew 1975.

S. 29 Georgi Bekasow, in: »Erinnerungen an die Kriegsjahre«, Hrsg. A. Sprigis, Lijesma-Verlag, Riga 1960.

S. 34 Jaroslaw Branko, aus einem Interview mit den Autoren, Lwow 1975.

S. 37 »Der Heilige Krieg«. Text: V.I. Lebdjew-Kumch; Musik: A.V. Alexandrow.

S. 41 Georgi Namsaiew, aus einem Interview mit den Autoren, Charkow 1975.

S. 51 Sergeant Iwan Sahow, aus einem Interview mit den Autoren, Gorki 1974.

S. 53 Igor Butoma, in: »1418 Tage«, Hrsg. W. Chutsischwili. Sakartwelo-Verlag, Tiflis 1975.

S. 62 Nuschi Dudeojewa, aus einem Interview im sowjetischen Fernsehbeitrag »Brüderlichkeit«, 1974.

S. 65 Anastasia Jeremenko, in: »Die Züge fahren nach Osten«, Hrsg. I. Naimow, Najka, Moskau 1966.

S. 66 Georgi Gogoberidse, in: »Taten hinter der Front«, Hrsg. L. Glebowa, Politizdat, Moskau 1970.

S. 71 Dmitri Schostakowitsch, in: »Prawda«, 29. März 1942.

S. 73 Anna Zawali, aus einem Interview mit den Autoren, Donezk 1975.

S. 74 Tschodar Jenukidze, in: »1418 Tage« (s. Anm. zu S. 53)

S. 77 Michail Dorofejew, in: »Die Züge fahren nach Osten« (s. Anm. zu S. 65).

S. 79 Katerina Jelina, aus einem Interview im sowjetischen Fernsehbeitrag »Briefe von der Front«, 1980.

S. 101 Leonid Pantelejew, in: »Lebendige Erinnerungen«, Lenisdat, Leningrad 1966.

S. 106 Iwan Maximow, in: »Eine Erinnerung«, Hrsg. A. Warsobin, Lenisdat, Leningrad 1985.

S. 107 Leonid Pantelejew, in: »Lebendige Erinnerungen« (s. Anm. zu S. 101).

S. 108 Georgi Kulagin, aus seinem Tagebuch (Stadtmuseum Leningrad).

S. 124 Pantelei Kondratjew, aus einem Interview im Fernsehbeitrag »Brüderlichkeit«, 1974.

S. 126 Michail Gusew, aus seinem Tagebuch (Archiv des Museums der sowjetischen Armee).

S. 129 Sergeant Grigori Nikolski, aus einem Brief (Archiv des Museums der sowjetischen Armee).

S. 147 Nina Zaretskaja, in: »Im besetzten Gebiet« von Wladimir Jakorenko, Politisdat, Moskau 1966.

S. 148 Michail Naumow, in: »Die wahren Geschichten der Partisanen«, Molod, Kiew 1965.

S. 151 Konstantin Saslonow, in: »Tote Helden sprechen«, Hrsg. V. Kondratjew, Politisdat, Moskau 1966.

S. 164 General Rotmistrow, in: »Wojenno-istoritscheski Schurnal«, 1964.

S. 164 Iwan Boloto, aus einem Interview mit den Autoren, Charkow 1975.

S. 170 Igor Balabanow, in: »In der Hitze der Schlacht von Kursk«, Hrsg. T. Sorokin, Buchverlag Kursk, 1963.

S. 177 Wladimir Farberow, aus einem Interview mit den Autoren, Odessa 1974.

S. 188 Olga Bykowa, in: »Dem Leben auf Erden zuliebe«, Hrsg. O. Nowikowa, Buchverlag Woronesch, Woronesch 1970.

S. 189 Hamid Samatow, aus einem Interview mit den Autoren, Taschkent 1974.

S. 195 Katerina Bochkariowa, aus einem Interview mit den Autoren, Sewastopol 1975.

S. 201 Alexander Guskow, in: »Frontreportagen aus dem Krieg«, Hrsg. J. Jurow, Politisdat, Moskau 1970.

S. 205 Jefim Golbreich, in: »Vom Krieg, den Kameraden und mir selbst«, Hrsg. R. Kowalenko, Politisdat, Moskau 1970.

S. 207 Leonid Sosnin, aus einem Interview mit den Autoren, Rostow 1975.

S. 210 Wladimir Farberow, aus einem Interview mit den Autoren, Odessa 1974.

S. 211 Alexander Pankow, in: »1418 Tage« (s. Anm. zu S. 53).

S. 212 Michail Scholochow, in: »Entlang der Straße zur Front«, Verlag Die Junge Garde, Moskau 1965.

S. 213 Wladimir Farberow, aus einem Interview mit den Autoren, Odessa 1974.

S. 216 Boris Schugajew, aus einem Interview mit den Autoren, Minsk 1975.

S. 217 Iwan Kirjanow, aus einem Brief (Archiv des Museums der sowjetischen Armee).

S. 218 »Ah, diese Straßen« ...«: Text: Lew Oschanin; Musik: Anatoli Nowakow.

S. 226 Wladimir Schogow, aus einem Interview im sowjetischen Fernsehbeitrag »Briefe von der Front«, 1980.

S. 233 Nikolai Redkoborodow, in: »Prawda«, 24. Juli 1970.

S. 234 Walentina Tokarjewa, aus einem Interview mit den Autoren, Minsk, 1975.

S. 240 Glafira Ter-Akopowa, in: »1418 Tage« (s. Anm. zu S. 53).

S. 243 Georgi Schukow, in: »Erinnerungen und Gedanken«, Nowosti, Moskau 1969.

Vorwort

Ich kenne niemanden in Rußland, der diesen 22. Juni 1941 erlebte und sich nicht daran erinnert – an diesen Sommertag, diesen Sonnwendtag, den längsten Tag im Jahr. An diesem Tag will in Leningrad die Nacht einfach nicht kommen, und in einem großen Teil Rußlands gibt es bloß eine kurze Dämmerung, bevor die Sonne erneut aufgeht.

Aber in Rußland erinnert man sich an diesen 22. Juni nicht wegen der sanften Brise oder dem endlos scheinenden Tag, dem Abendbummel von Burschen und Mädchen, auch nicht wegen der einschmeichelnden Weisen junger Stimmen und des Akkordeons, zu denen engumschlungene Pärchen durch die Parks von Moskau und Kiew wandelten. Man erinnert sich an diesen Tag als einen Schreckenstag: der Tag, an dem die Nazis, wie es schien, aus heiterem Himmel zuschlugen, die Sowjetunion angriffen. Dies war der Anfang des größten und schrecklichsten aller Kriege unserer Zeit, des Kriegs Hitler gegen Stalin.

In den beinahe vier Jahren zwischen diesem 22. Juni 1941 und dem 9. Mai 1945, an dem Deutschland schließlich kapitulierte, stand Leningrad die längste Belagerung der zeitgenössischen Geschichte durch, wurde in Stalingrad die erbittertste Schlacht unserer Zeit, die das Schicksal Rußlands und der Welt entschied, geschlagen. In Kursk-Orel, dem Westen beinahe unbekannt geblieben, brachen in einer gigantischen Panzerschlacht von nie gesehenem Ausmaß Hitlers gepanzerte Divisionen zusammen; nie mehr sollte die Wehrmacht danach zu einer großen Offensive ansetzen.

In den vier Jahren, die auf den 22. Juni folgten, verloren viele Millionen Sowjetbürger das Leben: auf dem Schlachtfeld und in den Ruinen der Dörfer und Städte. Zahlen dieser Größenordnung nimmt der Verstand nicht mehr auf. Aber eine simple Tatsache bringt sie uns vielleicht näher: Ich kenne keine einzige russische Familie, die nicht den Verlust eines Vaters, eines Sohnes oder eines Bruders zu beklagen hatte. Viele Russen, die ich im Krieg – und danach – traf, waren die einzigen Überlebenden ihrer Familie, und von zahlreichen Familien überlebte kein einziges Mitglied.

Wir Amerikaner haben Gott sei Dank nie durch einen solchen Krieg gehen müssen. Nicht einmal der blutige Bürgerkrieg, als Bruder gegen Bruder kämpfte, hat einen derart großen Blutzoll gefordert. Rußland verlor in diesen Jahren über zehn Prozent seiner Bevölkerung – im Kampf selbst oder durch die Auswirkungen des Kriegs. Bis zum heutigen Tag bedeutet das Wort »Krieg« für einen Russen etwas ganz anderes als für einen Amerikaner oder sogar für einen Engländer.

Auch heute, nach vierzig Jahren, kennen wir das gesamte Bild dieses Kriegs noch nicht. Dank Michail Gorbatschows *Glasnost* fällt Licht in einige bis jetzt dunkle Ecken, aber noch wissen wir über vieles in der Geschichte des Rußland-Kriegs und des russischen Volkes kaum Bescheid. Die Bilder in diesem Buch, von denen viele erst kürzlich durch die betreffenden Archive freigegeben wurden, schenken uns Einblick in das, was der Krieg für die Männer und Frauen bedeutete, die an der Ostfront standen – oder fielen. Eine Fülle historischer Details hilft nun auch das Problem klären, wie viel Schuld an dieser riesigen Tragödie dem sowjetischen Führer Josef Stalin zuzuschreiben ist.

Hitlers Überfall auf Rußland vom 22. Juni wurde als Überraschungscoup durchgeführt. Das russische Volk ging seinen alltäglichen Besorgungen nach – ahnungslos, daß Gefahr drohte. Sicher, man hatte Vorkehrungen getroffen, um die sowjetischen Garnisonen an der Grenze zu verstärken. Aber dies geschah erst in letzter Minute, und die Öffentlichkeit wußte nichts davon. Die meisten Verstärkungen waren noch auf dem Anmarsch, und für die bereits Angekommenen standen noch keine Unterstände bereit. Sie wurden

Die Rote Armee wies während des Zweiten Weltkriegs auch einige Kavallerieeinheiten auf, am bekanntesten darunter die Korps General Belows und General Pljews. Zu jeder »Front« oder Heeresgruppe gehörten zwei oder drei Kavalleriedivisionen, die zum Decken der Flanke und auf unwegsamem Terrain eingesetzt wurden.

Während der ersten Kriegsmonate führten Kavallerieeinheiten Kommandounternehmen im besetzten Gebiet durch. Später, mit dem Beginn der sowjetischen Offensive, wurden sie zusammen mit Panzern eingesetzt. Von ihrer besten Seite zeigten sie sich im Frühling 1944, als die Pferde mit dem tiefen Schlamm viel besser fertig wurden als die Motorfahrzeuge.

1943 zählte man 41 Kavalleriedivisionen mit insgesamt 600000 Mann. Zu Kriegsende waren es noch 34 Divisionen.

in den ersten Stunden des Kriegs überrannt. Die Luftwaffe war, entgegen den Meldungen der westlichen Nachrichtendienste, sehr stark, aber ein Großteil ihrer Flugzeuge wurde schon in den ersten Stunden dieses 22. Juni am Boden zerstört. Bevor der Tag zu Ende ging, hatten die Nazis die Fronttruppen der Russen so sehr dezimiert, daß es abends dem Oberkommando in Moskau unmöglich war, die betreffenden Kommandanten telefonisch zu erreichen, um überhaupt herauszufinden, was da vor sich ging. Stalin selbst, überzeugt, daß alles verloren sei, hatte sich aus dem Kreml in sein Landhaus geflüchtet und es seinen Mitarbeitern überlassen, die Katastrophe irgendwie in den Griff zu bekommen.

Nichts von all dem hätte eintreffen müssen. Kein Mensch auf der ganzen Welt war gründlicher gewarnt worden. Stalins außerordentlich guter Nachrichtendienst hatte seit Monaten von den Kriegsvorbereitungen der Nazis berichtet. Richard Sorge, der in Tokio stationierte Meisterspion, hatte Stalin sogar den genauen Tag und die Uhrzeit des bevorstehenden Angriffs gemeldet, ebenso die Aufstellung des Heeres und die wichtigsten Operationsziele. Premierminister Winston Churchill hatte Stalin gewarnt, ebenso Franklin D. Roosevelt. Sogar von Mao Tse-tung, aus der abgelegenen chinesischen Nordprovinz Shanxi, kam ein deutlicher Hinweis. Die sowjetischen Generäle hatten auf Stalin eingeredet, aber Stalin hörte nicht hin. Er war überzeugt, daß es sich um einen Trick handle. Entweder suchte Hitler die Russen zu provozieren, um dann mit einem Vorwand zurückschlagen zu können, oder dann handelte es sich um eine Machenschaft Churchills, der Rußland in einen Krieg gegen Hitler verwickeln wollte.

Erst am Abend des 20. Juni wurden die Hinweise so alarmierend, daß selbst Stalin aufhorchte. Über den ganzen Samstag, den 21. Juni, hinweg versuchte sein Außenminister Molotow, Hitler oder Außenminister von Ribbentrop in Berlin zu erreichen – erfolglos. Niemand nahm den Hörer ab. Am Samstag abend ließ Stalin den Kommandanten eine vorsichtig formulierte Weisung zukommen, Alarmbereitschaft zu erstellen, aber Hitler auf keinen Fall zu provozieren.

Die Weisungen kamen zu spät. Die ersten Angriffswellen spülten bereits über die Grenze. Erst am

Sonntag mittag erfuhr das sowjetische Volk durch Molotows Radioansprache, daß es sich im Krieg befand. Seit drei Uhr morgens bombardierten deutsche Flugzeuge bereits die Städte Westrußlands, und deutsche Panzer waren über die Grenzstellungen hinweg ins offene Land durchgebrochen.

Die ersten sechs Kriegsmonate waren eine Tragödie ohne jeglichen Lichtblick. Die Deutschen drangen in die Ukraine vor und schnürten die sowjetischen Armeen in einer riesigen Kesselstellung ein. Als sich der Knoten um Kiew zusammenzog, waren bereits 200000 russische Soldaten gefallen oder in Gefangenschaft geraten. Rußlands riesige Kornkammer, das fruchtbare Ackerland der Ukraine, war verloren. Im Norden drangen Hitlers Truppen in Richtung Leningrad vor. Am 8. September hatten sie die Stadt von jeglicher Verbindung mit dem Mutterland abgeschnitten. Nur noch der Ladoga-See bildete einen Zugang zur Stadt, in der über drei Millionen Bürger gefangen saßen. Im Oktober starben die ersten Eingeschlossenen vor Hunger. Als der Winter kam, zählte man täglich tausend Hungertote. Auch heute kann ich nicht verstehen, wie ein menschliches Wesen dort überleben konnte – und erst recht nicht am Tag kurz nach der Aufhebung der Belagerung im Januar 1944, als ich Leningrad zum erstenmal betrat.

Die Eingeschlossenen hatten keinerlei Brennstoff. Sie lebten von einer Brotkruste im Tag. Alle Wasserleitungen waren gefroren. Das Wasser mußte eimerweise aus der Newa herangeschleppt werden. Es gab keinerlei Verkehrsmittel, keine Straßenbahn und kein Auto. Kein Gas. Kein Licht. Die Zeitungen erschienen nicht mehr. Nur noch am Radio brachten flackernde Stimmen Nachrichten. Die Leute verhungerten und erfroren in ihren Wohnungen. Zu Ende des Winters 1941/42 türmten sich ihre steifgefrorenen Körper zu kleinen Leichenbergen rund um die Friedhöfe; schwache, halbverhungerte Bürger hatten sie auf Kinderschlitten hingebracht. Aber Leningrad ergab sich nicht.

Anfang Oktober 1941 rollten die ersten deutschen Panzer in die Vororte Moskaus. Die Nazis planten bereits ihr Siegesbankett im Kreml. Aber die Feier fand nicht statt: Vor den Toren Moskaus mußten die Panzer haltmachen. Als ich im Jahre 1944 nach Moskau kam, sah ich einen ausgebrannten Nazi-Panzer am

Die Mannschaft einer Panzerabwehrkanone richtet ihr Geschütz zum Direktbeschuß eines Panzers. Dieses 76,2-mm-Feldgeschütz, Modell 1939, wurde normalerweise für Distanzen von 10 bis 15 Kilometern eingesetzt. Während der Schlacht von Kursk waren die feindlichen Panzer aber oft nur 200 bis 300 Meter weit entfernt. Es kam öfter vor, daß die Zielvorrichtung von feindlichen Treffern zerstört wurde, so daß die Mannschaft das Geschütz richten mußte, indem sie durch den Geschützlauf schaute.

Rand der Leningrad-Chaussee auf der Höhe der Vorortstation Chimki – eine Art Hochwassermarkierung der deutschen Offensive. Im Dezember machten sich die Russen zu ihrem langen Marsch nach Westen auf. Aber es kamen neue Katastrophen. Im Sommer 1942 brachen die deutschen Panzer in den Steppen des Südens durch die Verteidigungslinien und drangen bis zur Wolga vor. Aber sie wurden aufgehalten in Stalingrad – ein Name, der zum Symbol für den unbändigen Mut der Roten Armee und des sowjetischen Volkes werden sollte. Straße für Straße, Haus für Haus, Stockwerk für Stockwerk und schließlich Zimmer für Zimmer wurden die Deutschen niedergekämpft. General Paulus und 90000 deutsche Soldaten mußten sich schließlich ergeben. Dieser Sieg verkündete der Welt, daß Hitler am Ende war, daß Rußland und seine Verbündeten – die Vereinigten Staaten und Großbritannien – diesen Kampf gewinnen würden.

Der Krieg sollte aber noch mehr als zwei Jahre dauern. Hunderttausende weiterer russischer Leben wurden geopfert. Aber Schritt für Schritt eroberte die Armee den blutgetränkten Boden zurück. Die Wehrmacht gab keinen Fußbreit ohne Widerstand preis, aber nach der Landung britischer und amerikanischer Verbände an den Küsten der Normandie vom 6. Juni 1944 wuchs der Druck auf die deutschen Truppen unerbittlich an. Im Frühsommer 1944 marschierte die sowjetische Armee in Polen ein; sie drang in die Balkanländer vor, befreite Rumänien, Bulgarien und die Tschechoslowakei und unterstützte die Truppen Titos in Jugoslawien. Im Frühling 1945 stieß die Rote Armee nach Österreich und hielt, weiter nördlich, die Ostprovinzen des Dritten Reichs besetzt.

Im Westen kämpften sich Amerikaner und Engländer durch Frankreich hindurch zur Westgrenze Deutschlands vor. Hitler, völlig verblendet, ließ weiterkämpfen. Erst als die Rote Armee in die zerstörte und verwüstete Hauptstadt Berlin einrückte und bis ins Zentrum vordrang, nahm er sich im Bunker der

Eine sowjetische Maschinengewehrbatterie unter schwerem Feuer in Deutschland.

Eine Pilotin wird nach einem erfolgreichen Nachteinsatz beglückwünscht. Sie gehört dem Tamanski-Luftwaffenregiment an, das ausschließlich aus Frauen bestand. Alle waren Freiwillige, und die meisten hatten das Fliegen schon vor dem Krieg als Hobby erlernt. Die Deutschen nannten sie »Nachthexen«.

In der russischen Armee besteht die Tradition, Einheiten nach dem Ort zu nennen, an dem sie sich ausgezeichnet haben. Dadurch gab es öfter Einheiten gleichen Namens. Diese Fliegerinnen hatten sich auf der Halbinsel Taman ausgezeichnet. Es gab auch eine motorisierte Division mit dem Beinamen Tamanski.

Reichskanzlei, von wo aus er den sinnlosen Widerstand geleitet hatte, das Leben. Sowjetische Soldaten fanden die Leichen von Hitler, seiner Mätresse Eva Braun und Propagandaminister Goebbels.

»Rußland im Krieg« ist ein Dokument über den Existenzkampf des russischen Volkes, gesehen aus dem Blickwinkel der Sowjets – ein Dokument, das vielen Lesern im Westen unvertraut scheinen mag. Für viele von uns stellt die Ostfront ein beinahe vergessenes Kapitel des Zweiten Weltkriegs dar. Aber im kollektiven Gedächtnis der Russen ist dieser Kampf von schicksalhaftem Glanz umstrahlt: russische Männer, Frauen und Kinder zahlten mit ihrem Blut für den Sieg über Hitler, mit der Zerstörung ihrer Städte und der Verwüstung ihres Landes. Dies ist kein vergessener Krieg.

Dieses Buch stellt auch einen Tribut an die sowjetischen Heerführer dar – an die Generäle Schukow, Konjew, Tschuikow und andere, sogar an Stalin selbst, der sich vor dem Krieg und in dessen erstem Stadium mit so fürchterlichen Folgen täuschen ließ. Im weiteren Sinn ist es aber ein Denkmal in Wort und Bild, das den gewöhnlichen Männern und Frauen Rußlands gilt, den unscheinbaren Bürgern, deren Opfer erst den Sieg ermöglichten.

Am 24. Mai 1945, bei einer Feier im Kreml, hob Stalin, umgeben von seinen Kommandanten, die besondere Rolle des russischen Volkes hervor. Ein anderes Volk, so Stalin, hätte sich in der Stunde der Gefahr vielleicht gegen seine Regierung gewendet, aber »das russische Volk tat nichts dergleichen. Es brachte die Opfer, die die Niederlage Deutschlands erst ermöglichten.«

Die Erinnerung an diese Opfer ist heute außerhalb von Rußland verblaßt. Aber dieses Buch und seine außergewöhnlichen Fotografien, von denen viele hier zum erstenmal erscheinen, entzünden hoffentlich eine Flamme, in deren Schein dieses Andenken auch bei uns Konturen gewinnt.

HARRISON E. SALISBURY

Einleitung

Mehr als vierzig Jahre sind verstrichen, seit die letzte Bombe, die letzte Granate und die letzte Kugel des Zweiten Weltkriegs das Leben des letzten Soldaten auslöschten.

Seit vier Jahrzehnten lebt Europa im Frieden. Ist das eine große Zeitspanne? Noch ist es gar nicht so lange her, da betrug in Europa die mittlere Lebenserwartung vierzig Jahre. Heute bin ich über sechzig Jahre alt.

Das wichtigste Ereignis im Leben meiner Generation war der Krieg. Man könnte annehmen, daß wir unserer Jugend nachtrauern, die im Schlachtenlärm, in Not und Tragik unterging. Aber wir tun nichts dergleichen. Ohne Bedauern blicken wir zurück auf unsere harte Jugendzeit im Krieg, in der wir unser Vaterland verteidigten, weil dort, an der Front, jeder von uns unentbehrlich war. Das Wissen, daß wir allein unser Land verteidigen würden, daß auf diesem schmalen Streifen Land das Schicksal der Sowjetunion in unserer Hand lag, erfüllte uns mit Stolz und einem alles durchdringenden Gefühl der Verantwortung.

Die Nazis hatten vor, uns innerhalb von sechs Wochen zu besiegen. In den ersten Kriegswochen glaubten sie noch, dies würde ihnen gelingen. In weniger als einer Woche hatten sie Minsk erobert. Im August näherten sie sich Leningrad, und im November erreichten sie Moskau. Aber Leningrad fiel nicht in ihre Hand, ebensowenig Moskau. Auch Stalingrad fiel nicht. Es war Berlin, das fiel, und in Berlin wurde am 8. Mai 1945 die bedingungslose Kapitulation Deutschlands unterzeichnet.

Viele Male habe ich Angriffe betrunkener Nazisoldaten zurückgewiesen. Es war nicht nur der Schnaps, der sie betrunken machte; sie kamen in unser Land trunken von den leichten Siegen, die sie in Europa errungen hatten. Im Rausch verübten sie fürchterliche Dinge. Ich spreche hier nicht vom Tod auf dem Schlachtfeld – es gibt keinen Krieg ohne Tote. Ich spreche von der Zivilbevölkerung, von den alten Leuten, den Frauen und Kindern, die sie erhängten und erschossen. Wir sahen deutlich, daß dies kein gewöhnlicher Krieg war. Es ging nicht um ein umstrittenes Stück Land, sondern um unser Recht zu leben, zu atmen, unsere eigene Sprache zu sprechen, unsere Kinder aufzuziehen, um das Recht auf menschliche Würde.

Ich kam als Gefreiter an die Front. Die Kriegswochenschau zeigte meist Panzer, die sich durch Staub- und Rauchwolken einen Weg nach vorn bahnten, oder Flugzeuge, die aus allen Rohren feuernd durch die Lüfte brausten. Die dunklen Punkte weit unten am Boden, das war die Infanterie. Nun, ich war einer dieser winzigen Punkte, und ich war damals (1941) neunzehn Jahre alt. Ich kämpfte bis zum letzten Tag des Kriegs mit. Nach einem Jahr wurde ich den Aufklärertruppen zugeteilt und dort zuerst zum Feldwebel und dann zum Leutnant befördert. Und danach war ich nicht einmal mehr einer dieser winzigen Punkte, denn die Aufklärer gehen meist im Schutz der Dunkelheit vor. Ein kleiner Trupp schlich sich durch die feindlichen Linien, um von dort einen Gefangenen zurückzubringen – eine »Zunge«, wie wir das nannten: einen gegnerischen Soldaten, der uns Informationen über die Absichten des Feindes lieferte. Kundschafter zu sein ist mit viel Risiko verbunden. Ich wurde dreimal verwundet und mehrfach für Tapferkeit ausgezeichnet.

Unter den Dokumenten, die wir hinter der feindlichen Front erbeuteten, fanden sich viele Fotografien. Die Deutschen liebten Schnappschüsse, die sie vor dem Eiffelturm oder der Akropolis zeigten. Sie machten sogar Schnappschüsse von Galgen und von Frauen, die in brennenden Dörfern erschossen wurden. Einige dieser Fotografien sind in diesem Buch wiedergegeben. Aber der Krieg ist nicht nur eine endlose Serie von Gefahren, von Tod und Gedanken an den Tod. Wäre er das, keiner hätte seine Last auch nur einen Monat lang ertragen – geschweige denn während vier Jahren. Neben der Gefahr und der Plackerei gab es auch Augenblicke der Ruhe, der Späße und der Liebe, wie hier ebenfalls gezeigt wird.

Kurze Pause während einer Schlacht. An der sowjetischen Front gab es keine drôle de guerre*; vom Augenblick der Invasion an rissen die Kämpfe nie mehr ab.*

Der Soldat im Krieg hatte eine ungeheure Arbeitslast zu bewältigen. Er hob Gräben aus, legte Minen oder entschärfte sie, er legte Brücken über Flüsse, schleppte Munition, kochte sein Essen, wusch Unterwäsche, reparierte Panzer, versorgte Flugzeuge und erledigte eine Menge anderer Aufgaben, von denen man meist keine Notiz nimmt, obwohl sie unerläßlich waren. Es gab Zeiten, da war der Soldat so erschöpft, daß er überzeugt war, niemals mehr aufstehen zu können. Kaum hatte er sich hingelegt, schlief er ein, aber wenn am nächsten Morgen oder auch nur ein paar Minuten später das Alarmzeichen ertönte, war er wieder auf den Beinen – zu seinem eigenen Erstaunen.

Niemals im Leben habe ich so bis zur völligen physischen Erschöpfung gearbeitet wie in den Jahren an der Front. Und zugleich habe ich mich nie mehr so stark, so gesund gefühlt wie damals. Das gleiche sah ich auch bei den anderen. An der Front wurde man selten krank. Sogar die Verwundeten versuchten so schnell wie möglich aus dem Lazarett zu kommen, um ihren Platz an der Front wieder einzunehmen. Es heißt, daß jeder Soldat, der unter Feuer gestanden hat, von einer besonders eindrücklichen Schlacht zu erzählen weiß. Das ist auch bei mir der Fall. Als die Schlacht, von der ich Ihnen erzählen will, im Hauptquartier geplant wurde, rechnete man zweifellos hundert Varianten durch. Aber wie das im Krieg so oft geschieht, wickelte sich die Schlacht nach der hundertundersten Variante ab, an die niemand gedacht hatte.

Natürlich war ich bei der Planung nicht dabei. Aber als am Abend die Befehle ausgegeben wurden, realisierte ich, daß es sich hier um eine Neujahrsüberraschung für die Faschisten handelte. Unser Kommandant hatte einen Überraschungsangriff beschlossen, der den Feind aus seinen wohlbefestigten Stellungen und Gräben werfen sollte; die Deutschen sollten einmal sehen, was eine russische Frostnacht auf offenem Feld bedeutet. Nun, wir drängten sie aus ihrer ersten Verteidigungslinie zurück. Aber vor ihre zweite Linie legten sie einen undurchdringlichen Wall von Maschinengewehr- und Artilleriefeuer, so daß wir in Deckung gehen mußten. Ich schaute auf meine Uhr – sie zeigte auf zwanzig nach elf. Ich fragte mich, ob ich das Jahr 1943 noch erleben würde. Ich drückte mich an die Wand eines eben entstandenen Granattrichters, der sich, in dieser sumpfigen Gegend, langsam mit Wasser füllte. Wenn der Trichter bis oben voll war, würde ich in den Kugelregen hinaus müssen – dieses eisige Wasser war nichts für mich.

Eine halbe Stunde noch bis Neujahr. Irgendwo weit weg feierten jetzt Menschen, wünschten sich gegenseitig Glück. Ich hatte niemanden, dem ich ein glückliches neues Jahr wünschen konnte. Ich erinnerte mich an einen alten Brauch: Was man sich in der Neujahrsnacht wünschte, das würde in Erfüllung gehen. Hoffentlich bleibe ich am Leben, dachte ich. Aber im gleichen Augenblick realisierte ich, daß jedermann, hüben und drüben, den gleichen Wunsch hegte. Das war also lauter Unsinn. Ich müßte mir einen realistischeren Wunsch einfallen lassen ... daß wir auch die zweite Verteidigungslinie nahmen? Aber das würden wir ohnehin; wenn nicht heute, dann morgen ... Was sollte ich mir also wünschen? Universität? Meinen Hochzeitstag erleben? Aber was immer mir einfiel, hing von unserem Sieg ab. Dann und nur dann konnte das Glück Wirklichkeit werden.

Angenommen, wir gewinnen, so dachte ich weiter, was tue ich nach dem Krieg zuerst? Das hört sich jetzt vielleicht kindisch an, aber ich träumte davon, wie ich in meine Heimatstadt zurückkehren würde, nach Taschkent, wo Mutter, Vater und natürlich »sie« auf mich warteten, und nach dem ersten Überschwang der Begrüßung wollte ich alleingelassen werden und in der Abendstille in der Mitte der Puschkin-Straße dahinschlendern, allein im Schein der Straßenlampen, und links und rechts würden sich auf den Gehsteigen Mädchen in leichten Sommerröcken und Burschen in glattgebügelten Hosen drängen ...

Ein Mörsergeschoß schlug in der Nähe ein und überschüttete mich mit Erde und Splittern. Unwillkürlich zog ich den Kopf ein und sah nach unten. In diesem Moment entdeckte ich eine andere Welt auf dem Grund des Granattrichters. Der kreisrunde Teich sah aus wie ein blanker Spiegel. Und darin erblickte ich genau das, wovon ich geträumt hatte: einen friedlichen tiefschwarzen Himmel, den Mond, funkelnde Sterne, zarte Wolken. Und dann sah ich ein dunkles Gespenst, das mich anstarrte. Obwohl ich wußte, daß dies mein eigenes Gesicht war, erschrak ich zu Tode. War diese Erscheinung ein böses Omen, würde ich sterben?

Ich rutschte mutlos weiter nach unten, um genauer hinzusehen: War das Gesicht im Wasserspiegel tot oder lebendig? In diesem Augenblick sträubten sich mir die Haare, und das Blut gerann mir in den Adern, denn im Wasser spiegelte sich der Helm eines deutschen Soldaten. Er spähte in den Granattrichter – wohl in der Annahme, ich sei tot, denn ich lag, mit dem Kopf nach unten, in einer unnatürlichen Haltung. Ich schoß als erster. Ich stürzte aus dem Granattrichter, um zu sehen, ob ihm andere folgten. Ich gab ein paar Schüsse ab, dann zwang mich das heftige Feuer in mein Loch zurück. Ich schaute auf die Uhr: Fünf Minuten waren im neuen Jahr verstrichen. Beinahe hätte das böse Omen recht behalten. Noch ein paar Sekunden, und ich wäre eine Leiche gewesen, ganz ähnlich derjenigen, die mich aus dem Wasser heraus angestarrt hatte.

Meine Angst verwandelte sich in Übermut. Kein schlechtes Neujahrsgeschenk, das: am Leben zu sein! Ich starrte auf die Leiche meines Feindes. Wer war er? Was dachte er, bevor ich ihn tötete? Wünschte er sich noch vor ein paar Minuten, so wie ich, am Leben zu bleiben, zu seinem Gretchen zurückzukehren? Über eine Sache war ich mir sicher: Er hatte nicht an den Tod gedacht, und das war sein Fehler. Jedermann, der als Feind und Plünderer unseren Boden betritt, sollte vor allem an den Tod denken. Ich wußte nicht, wer dieser tote Soldat war, aber ich möchte hier aus drei Briefen zitieren, die nie an ihrem deutschen Bestimmungsort ankamen – dies dank der Gegenoffensive, welche die Rote Armee im Jahre 1941 vor Moskau lancierte.

1. Dezember 1941

Wir sind hier 30 Kilometer von Moskau entfernt und können einige seiner Türme sehen. Bald werden wir Moskau einschließen und dann unsere prächtigen Winterquartiere beziehen, dann kann ich Dir Geschenke schicken, bei denen Tante Minna grün vor Neid wird.

K. SIMANN, SS. *Auszug aus einem Brief an seine Frau in München*

3. Dezember 1941

Wenn Du diesen Brief erhältst, sind die Russen besiegt, und wir halten in Moskau eine Truppenparade auf dem Roten Platz ab. Ich habe mir nie träumen lassen, daß ich so viele Länder zu sehen bekomme. Ich hoffe, ich bin auch dabei, wenn unsere Truppen in England eine Parade abhalten.

CHRISTIAN HÖLZER, SS. *Auszug aus einem Brief an Georg Hölzer, Altergrünau*

Meine liebe Frau, 6. Dezember 1941

dies hier ist die Hölle. Die Russen wollen sich nicht aus Moskau zurückziehen. Sie haben eine Offensive begonnen. Jede Stunde treffen Nachrichten über furchterregende neue Ereignisse ein. Es ist so kalt, daß meine Seele gefriert. In der Nacht nach draußen zu gehen bedeutet den sicheren Tod. Ich bitte dich, höre auf, von Seide und Gummistiefeln zu schreiben, die ich Dir aus Moskau mitbringen soll. Begreifst Du nicht, daß ich sterbe? Ich werde bestimmt sterben. Ich fühle es.

ADOLF FORTHEIMER. *Ausschnitt aus einem Brief*

Die Feldküche war oft einen Kilometer oder mehr von der Front entfernt. Ihre Angehörigen mußten also unter feindlichem Beschuß zur Front kriechen, um das Essen zu bringen. Der metallene Thermosbehälter im Bild faßte genug Essen für einen Zug – 36 bis 40 Mann und einen Offizier.

Ein Soldat mit einer alten Frau in einem soeben befreiten Dorf in der Nähe Moskaus. Das Dorf war während etwa zweier Monate vom Feind besetzt gewesen.

Diese Briefe wurden kaum sechs Monate nach Kriegsausbruch geschrieben. Noch lagen Stalingrad vor uns und die Schlacht von Kursk. Noch lagen dreieinhalb Jahre Krieg vor uns. Vom ersten Tag an glaubten wir an den Sieg, glaubten daran, daß wir den Feind schlagen würden. Auch unsere Soldaten schrieben Briefe. Einige davon finden sich in diesem Buch. Niemand kann lügen, wenn die Kugeln über seinen Kopf hinweg pfeifen; man spielt nicht mit Worten oder Formen, um seinen Gedanken Ausdruck zu geben. Die Männer an der Front wußten, daß jeder Brief der letzte sein konnte. Sie schrieben in den Gefechtspausen, in Schützengräben und Unterständen und während eines kurzen Marschhaltes. Ihre Verwandten zu Hause warteten verzweifelt auf Nachricht. Nur allzuoft brach die Korrespondenz für immer ab, und die letzte Nachricht, die zu Hause eintraf, lautete: »...gefallen im tapferen Kampf für die Heimat...«

Mehr als zwanzig Millionen Menschen starben in Sowjetrußland im Kampf gegen die Nazis – vierzig Prozent aller Todesopfer, die der Zweite Weltkrieg forderte. Möge dieses Buch erinnern an die tragische Zeit, in der die Menschheit fünfzig Millionen Menschenleben opfern mußte, um sich die Freiheit zu bewahren. Möge es uns Zeitgenossen, unseren Kindern und unseren Kindeskindern vor Augen führen, was Krieg bedeutet. Das Gedächtnis eines Menschen erlischt mit seinem Leben, aber das Gedächtnis der Menschheit lebt weiter, solange die menschliche Rasse überlebt. Es ist die Pflicht von allen, die wir diesen schrecklichen Krieg erlebten, dafür zu sorgen, daß er nicht vergessen geht. Heutzutage, da die Kernwaffen nicht nur alles Leben auf der Erde, sondern auch den Planeten selbst auslöschen können, soll uns die Vergangenheit immer daran mahnen, wohin ein Zermürbungskrieg führen kann.

Tausende von Menschen werden in meiner Erinnerung wach, wenn ich an die Kriegsjahre zurückdenke. Hunderte von ihnen kannte ich gut, Dutzende unter ihnen waren meine Freunde. Jeder Kriegsveteran erinnert sich an Menschen, die ihm viel bedeuteten. Auch wenn ich in diesem Buch blättere, fühle ich mich in jene Jahre zurückversetzt. Alle Gesichter scheinen mir vertraut, auch wenn ich die Menschen dahinter nie kannte: wahrscheinlich, weil wir alle Soldaten waren, die für den gemeinsamen Sieg kämpften.

WLADIMIR KARPOW, *Held der Sowjetunion und Schriftsteller*

Unternehmen Barbarossa

Horchgeräte spürten herannahende Flugzeuge auf. Sie wurden bereits während des Ersten Weltkriegs verwendet und waren ziemlich wirksam, auch wenn sie später durch ausgefeiltere Apparate ersetzt wurden.

Am Samstag, dem 21. Juni 1941, feierten die meisten Schulen der Sowjetunion ihren Examenstag. Im ganzen Land diskutierten Studenten über ihre Zukunftspläne, versprach man sich gegenseitig, den Kontakt aufrechtzuerhalten. Die Morgenzeitungen des 22. Juni brachten die üblichen Aufstellungen über die industrielle Produktion und über die Entwicklung der Landwirtschaft in den verschiedenen Landesteilen. Es gab beunruhigende Nachrichten über den Angriffskrieg, den Japan in China führte, ebenso Berichte über die Kämpfe in Nordafrika und im Mittleren Osten.

Aber die Einwohner der westlichen Provinzen waren um vier Uhr früh vom Lärm explodierender Bomben und einstürzender Gebäude geweckt worden. Entlang einer Front von sechstausend Kilometern Länge hatte eine deutsche Armee von drei Millionen Soldaten die Sowjetunion angegriffen. Erst um 5.30 Uhr des gleichen Morgens überreichte der deutsche Botschafter in Moskau, Graf von der Schulenburg, das Memorandum mit der deutschen Kriegserklärung. Zu dieser Zeit hatte die Luftwaffe bereits die Flugplätze und Truppenkonzentrationen der Roten Armee bombardiert und dabei mehrere hundert Flugzeuge und Panzer zerstört, bevor sie in den Kampf eingreifen konnten. Die Verbindungen waren unterbrochen – sowohl zwischen den sowjetischen Armeeeinheiten wie zwischen den Einheiten und dem Oberkommando der Streitkräfte. So kam es, daß die Rote Armee in den ersten Kriegstagen der deutschen Kriegsmaschine nur sporadischen Widerstand entgegensetzen konnte. Der Grund für all dies lag in der jüngsten Geschichte der sowjetisch-deutschen Beziehungen.

Obwohl seit August 1939 ein deutsch-russischer Nichtangriffspakt existierte, wurde zunehmend deutlicher, daß sich der Krieg gegen Deutschland nicht vermeiden ließ. Aber die sowjetischen Streitkräfte waren noch nicht auf dem Stand, der ein Kräftemessen mit Deutschland erlaubte. Josef Stalin, der russische Diktator, mußte also Zeit gewinnen. Noch in den letzten Stunden, als man ihn mehrfach gewarnt hatte, daß am 21. oder 22. Juni ein deutscher Angriff bevorstehe, befahl er den Grenzschutztruppen, sich keinesfalls auf einen Feuerwechsel einzulassen. Stalin, so hat man argumentiert, war überzeugt, daß Hitler bluffte, daß er versuchte, Grenzzwischenfälle zu provozieren, die er dann als Vorwand für seine Invasion Rußlands ins Feld führen könne. So entschlossen war Stalin, Hitler keinerlei Rechtfertigung für einen Angriff zu liefern, daß er größere Truppenkonzentrationen entlang der Grenze untersagte – mit dem Resultat, daß sein Land dem Angriff fast völlig unvorbereitet gegenüberstand und die Wehrmacht einen Monat später bereits den halben Weg nach Moskau zurückgelegt hatte.

Die russische Führung stand vor massiven und scheinbar unlösbaren Problemen. Sie mußte sich zwischen mehreren wichtigen Prioritäten entscheiden – den Vormarsch der Deutschen zu stoppen, die Kriegsindustrie anzukurbeln, die Armee zu mobilisieren, die Bevölkerung zu schützen und alles aus den westlichen Provinzen zu evakuieren, was für die Industrie, Landwirtschaft und Wissenschaft von Bedeutung war.

Hitler beschrieb die Invasion Rußlands, der er den Kodenamen »Unternehmen Barbarossa« gab, als größten Feldzug der Geschichte. Wahrscheinlich hatte er recht. Seine Streitkräfte waren wie folgt aufgeteilt: Die Heeresgruppe Mitte, die in Richtung Moskau vorrücken sollte, bestand aus 50 Divisionen, darunter 15 Panzerdivisionen, und 1630 Flugzeugen. Die Heeresgruppe Nord – 29 Divisionen, darunter 6 Panzerdivisionen, mit einer Luftstreitkraft von 760 Flugzeugen – drang in Richtung der baltischen Republiken vor. Ihre Hauptziele: Leningrad und der sowjetische Flottenstützpunkt Kronstadt. Die Heeresgruppe Süd – 57 Divisionen, davon 9 gepanzerte, dazu 1650 Flugzeuge – rückte auf Kiew und Odessa vor.

Im Jahre 1941 zählten die deutschen Streitkräfte 8,5 Millionen Mann, 5639 Panzer und Selbstfahrgeschütze, mehr als 10000 Flugzeuge und über 61000 Kanonen und Mörser. Die Marine verfügte über 217 Kampfeinheiten, darunter 161 Unterseeboote. Die Moral der deutschen Truppen war ausgezeichnet. Innerhalb zweier Jahre hatten sie Polen, Norwegen, Dänemark, Holland, Belgien, Frankreich, Jugoslawien und Griechenland erobert und waren dabei nur auf schwachen Widerstand gestoßen. Jetzt hielten sie sich für unbesiegbar.

Die sowjetischen Streitkräfte zählten 5,3 Millionen Soldaten, die über 1860 Panzer neueren Datums verfügten (dazu kamen 17000 veraltete Panzer). Weiter zählte man über 2700 moderne Flugzeuge, 67000 Kanonen und Mörser, dazu ein ansehnliches Arsenal veralteter Waffen. Die sowjetische Marine verfügte über 276 Einheiten, darunter 212 Unterseeboote. Die Moral der Roten Armee war durch die sogenannte Säuberung des Offizierskorps in den Jahren 1937/38 massiv untergraben worden. Die Zivilbevölkerung hatte in kleinerem oder größerem Ausmaß unter den Schrecken des Bürgerkriegs und den Umwälzungen der 1920er und 1930er Jahre zu leiden gehabt.

Hitler war deshalb überzeugt, daß die Niederwerfung der Sowjetunion seinen kriegserfahrenen Truppen keinerlei Probleme aufgeben würde: Der Feldzug sollte nach seiner Berechnung in sechs Wochen vorbei sein. Die Ereignisse der ersten Tage schienen seine Zuversicht zu rechtfertigen. Innerhalb der ersten zwei

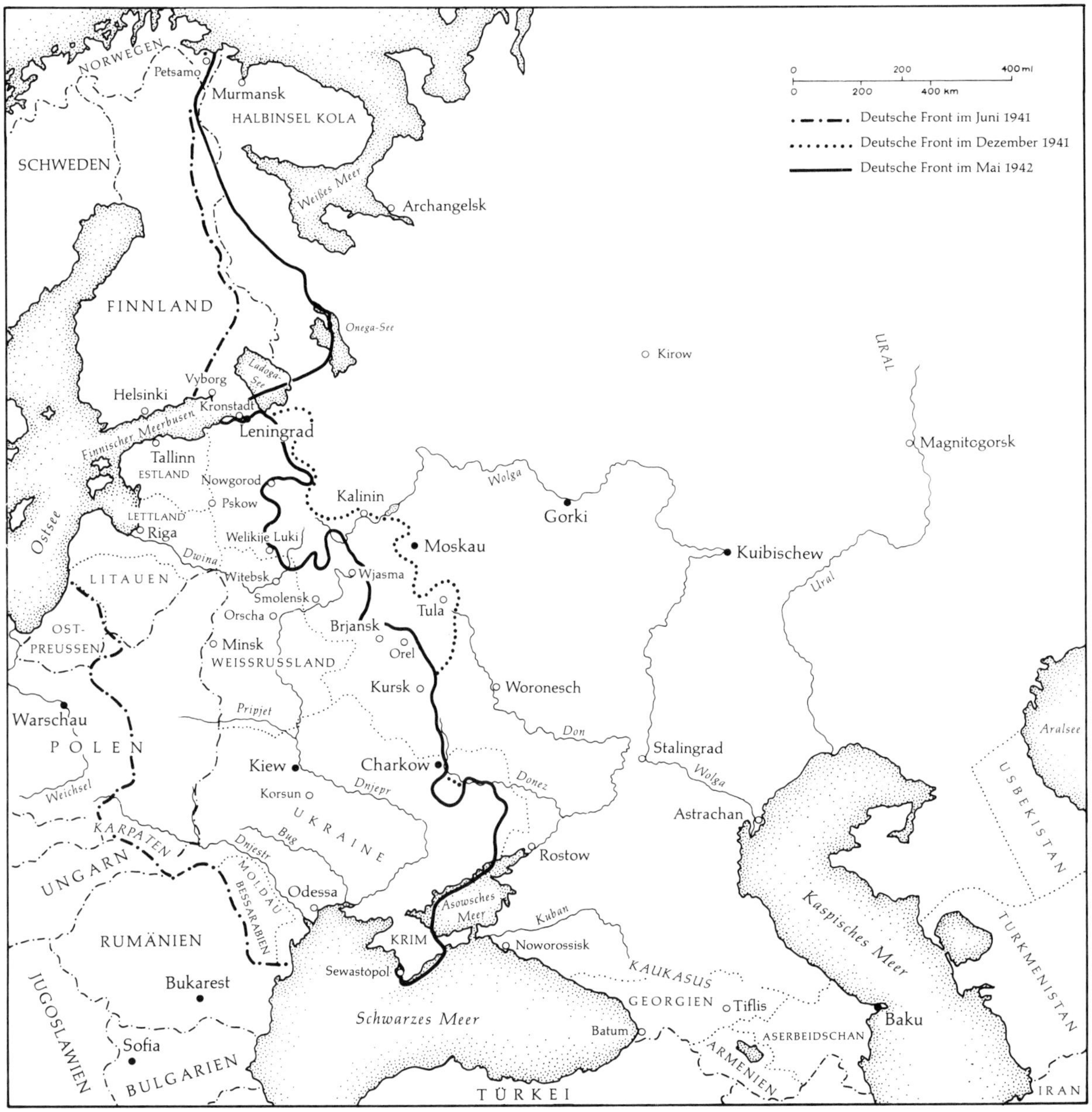

Die Invasion Rußlands: Unternehmen Barbarossa.

Eine Mutter verabschiedet sich von ihrem Sohn, der an der Front zum Einsatz kommt.

Wochen fielen über eine halbe Million russischer Soldaten. Von den 170 in Grenznähe stationierten Divisionen der Roten Armee waren 28 vollständig aufgelöst, und weitere 70 verfügten höchstens noch über die Hälfte ihrer Ausrüstung und ihres Bestandes. Im September hatten die deutschen Truppen die einstigen baltischen Republiken Litauen, Lettland und Estland besetzt, ebenso Weißrußland und die Ukraine. Trotz schwerer Verluste – mehr als 530000 Mann bis Anfang Oktober – setzten sie den Vormarsch in Richtung Ost fort.

Die deutschen Generale wollten alle Kräfte für die Eroberung Moskaus einsetzen. Aber Hitler bestand darauf, daß die Eroberung Leningrads und die Einnahme des Kaukasus Vorrang hätten. Im September ließ er sich umstimmen: Das »Unternehmen Taifun«, eine Generaloffensive mit über 500000 Mann, sollte die russische Hauptstadt in deutsche Hand bringen. In einer Weisung an die Ostfront machte er seine Absichten klar: »Wir sind gerüstet für den letzten vernichtenden Schlag, mit dem wir den Feind noch vor Einbruch des Winters auslöschen werden.«

Schon Ende Juli hatten die Deutschen begonnen, Moskau zu bombardieren. Wie in London benutzte man während der Bomberangriffe die U-Bahn-Schächte als Schutzräume. Der Zugverkehr wurde eingestellt, Mütter und Säuglinge durften die Waggons zum Schlafen benutzen. Plattformen und Passagen waren für Familien reserviert, Erwachsene ohne Begleitung mußten auf den Schienen schlafen. Nach den ersten paar Wochen organisierten die Moskauer in den Schutzräumen eine improvisierte Bibliothek; die Zufluchtsuchenden konnten Bücher oder Zeitschriften ausleihen und diese während der Angriffe auf speziell bezeichneten Bänken lesen.

Bei Kriegsausbruch waren alle privaten Radioapparate konfisziert worden. Aber die meisten Mietshäuser waren mit Lautsprechern ausgerüstet, die Radioprogramme und Bombenalarme ausstrahlten. Auf den Straßen hatte man Sirenen installiert, aber die meisten Moskauer ließen sich vom ruhig vorgetragenen »Trevoga! Bürger, sucht Deckung!« des Radiosprechers in die Schutzräume weisen.

Für die Brandwache hatten sich die Hauskomitees blockweise zusammengeschlossen. Diese Komitees hatten schon vor dem Krieg bestanden und dort vor allem Unterhalt und Reparaturen geregelt, Mieten eingezogen und bei Streitfällen zwischen den Mietern vermittelt. Jetzt teilten sie die Mieter in Wachen ein, denen Feueralarm und Feuerbekämpfung bei Brandbomben übertragen wurde. Der Schutz gegen Luftangriffe unterstand den Stadtbehörden und den Sowjets des Distrikts. Schon im Herbst waren in den Straßen von Moskau alle Schaufenster mit Sandsäcken und Bretterwänden gesichert, um die Bürger vor fliegenden Scherben zu schützen. Aber obwohl die Moskauer beständig mit der Gefahr eines Luftangriffs rechnen mußten, glaubte niemand ernsthaft, daß der Feind die Hauptstadt erreichen würde – diese Möglichkeit war ganz einfach undenkbar.

Die sowjetischen Truppen leisteten an den Verteidigungslinien vor ihrer Hauptstadt erbitterten Widerstand, aber die Deutschen drangen auf einer Frontbreite von über sechshundert Kilometern täglich rund fünfzehn Kilometer vor. Die Stadt Orel, dreihundert Kilometer südwestlich von Moskau gelegen, wurde so überraschend eingenommen, daß die Straßenbahn noch fuhr, als die ersten deutschen Panzer ins Zentrum rollten. Die Stadtbürger, die eben zur Arbeit gingen, begrüßten die Kampfwagen mit lautem Jubel: Sie hielten sie für Panzer der Roten Armee.

Aber in der ersten Oktoberwoche kamen die Herbstregen, und die Straßen verwandelten sich in Schlammpisten. Die deutschen Panzer und Selbstfahrgeschütze kamen nur noch langsam voran – aber sie fuhren weiter und drangen im Durchschnitt immer noch sechs Kilometer am Tag vor. Die Behörden evakuierten wichtige Regierungsstellen, das diplomatische Korps und die wichtigsten Rüstungsfabriken nach Kuibischew, das dreihundert Kilometer weiter südöstlich liegt. Zwischen dem 15. und 17. Oktober sah es aus, als würden die Bürger Moskaus die Nerven verlieren. Panik brach in der Stadt aus, als man erfuhr, der Feind habe das auf halbem Wege zwischen Flughafen und Kreml gelegene Khimik erreicht. Aber dann kippte die Stimmung plötzlich in wilde Entschlossenheit um. Stalin übertrug das Kommando über die Rote Armee im Moskauer Frontabschnitt an General (später Marschall) Schukow, der bereits die Verteidigung von Leningrad organisiert hatte. Am 19. Oktober erklärte dieser den Belagerungszustand, und die Bevölkerung wurde zum Bau von Panzergräben rund um die Hauptstadt abkommandiert.

Mitte November trat ein brüsker Temperatursturz ein, und der Boden gefror. Die Deutschen waren begeistert – endlich konnten sie ihre Panzer wieder einsetzen. Aber bald realisierten sie, wie schlecht sie für den russischen Winter gerüstet waren. Man hatte den Soldaten keine Winterkleidung abgegeben, da man glaubte, sie würde nicht nötig sein; schließlich hatte Hitler behauptet, die Wehrmacht würde Moskau noch vor Einbruch des kalten Wetters einnehmen.

Während der nächsten Tage fiel das Thermometer weiter. Bei zwanzig Minusgraden funktionierten die Fahrzeuge und Kanonen der Deutschen nicht mehr. Bis Ende November forderte das russische Klima unter den Deutschen mehr Opfer als die russische Artillerie.

Am Freitag, dem 5. Dezember, setzte die erste sowjetische Gegenoffensive ein; im Süden Moskaus griff die 31. Armee an. Um die Mittagszeit rückte auch die 29. Armee im Norden der Stadt vor. Diese Offensive wurde um so nachhaltiger geführt, als man wußte, daß im Osten des Landes kein Angriff der Japaner mehr drohte. Richard Sorge, Stalins Meisterspion in Tokio, hatte diese lebenswichtige Information geliefert. Jetzt konnte man die ausgeruhten und gut ausgerüsteten sibirischen Einheiten einsetzen, um den Feind aus den Vororten Moskaus zu vertreiben.

Die Rote Armee führte die Gegenoffensive bis ins neue Jahr hinein weiter und hätte wahrscheinlich einen Großteil der Heeresgruppe Mitte eingekesselt, wenn nicht Hitler im letzten Augenblick, am 15. Januar 1942, die Erlaubnis zum Rückzug gegeben hätte. Die Deutschen hatten sich bereits seit einigen Wochen in unkoordinierter Weise zurückgezogen. Jetzt erlaubte ihnen der Führerbefehl, sich bis auf die Höhe von Rschew zurückzuziehen, das rund hundertfünfzig Kilometer westlich von Moskau liegt. In dieser Winterstellung behaupteten sie sich, bis das Tauwetter beide Seiten erneut blockierte.

Im Westen Rußlands hielten die deutschen Truppen immer noch riesige Territorien besetzt, und für den Frühsommer 1942 plante man gewaltige Offensiven. Aber der Mythos ihrer Unbesiegbarkeit war zerstört. Nie mehr würde es einen Blitzkrieg geben. Hoffnung gab dem russischen Volk auch die Tatsache, daß Japan am 7. Dezember, also zwei Tage nach Auslösung der Gegenoffensive vor Moskau, Pearl Harbor bombardiert hatte; damit trat Amerika in den Krieg ein.

Moskau zur Mittagsstunde, am 22. Juni 1941. Lautsprecher geben von allen Straßenecken aus die Ankündigung von Außenminister Molotow wieder, daß die Deutschen das Land überfallen haben. Nach der Darstellung der Nazis war die Invasion die Vergeltung dafür, daß die Sowjets den deutsch-sowjetischen Pakt vom 23. August 1939 gebrochen hätten. Molotow beschrieb den deutschen Überfall als »einen Akt der Niedertracht, für den es in der Geschichte der zivilisierten Nationen keine Parallele« gebe. Er erinnerte daran, wie sich das russische Volk im Jahre 1812 wie ein Mann erhoben habe, um die Invasion Napoleons zurückzuschlagen, und schloß mit der Aufforderung an alle russischen Bürger, sich um »die ruhmbedeckte Bolschewistische Partei, um die Sowjetregierung und unseren großen Führer, den Genossen Stalin, zu scharen. Unsere Sache ist gut. Der Feind wird zerschlagen werden. Der Sieg wird unser sein.«

Frauen und Kinder begleiten Soldaten auf dem Weg an die Front.

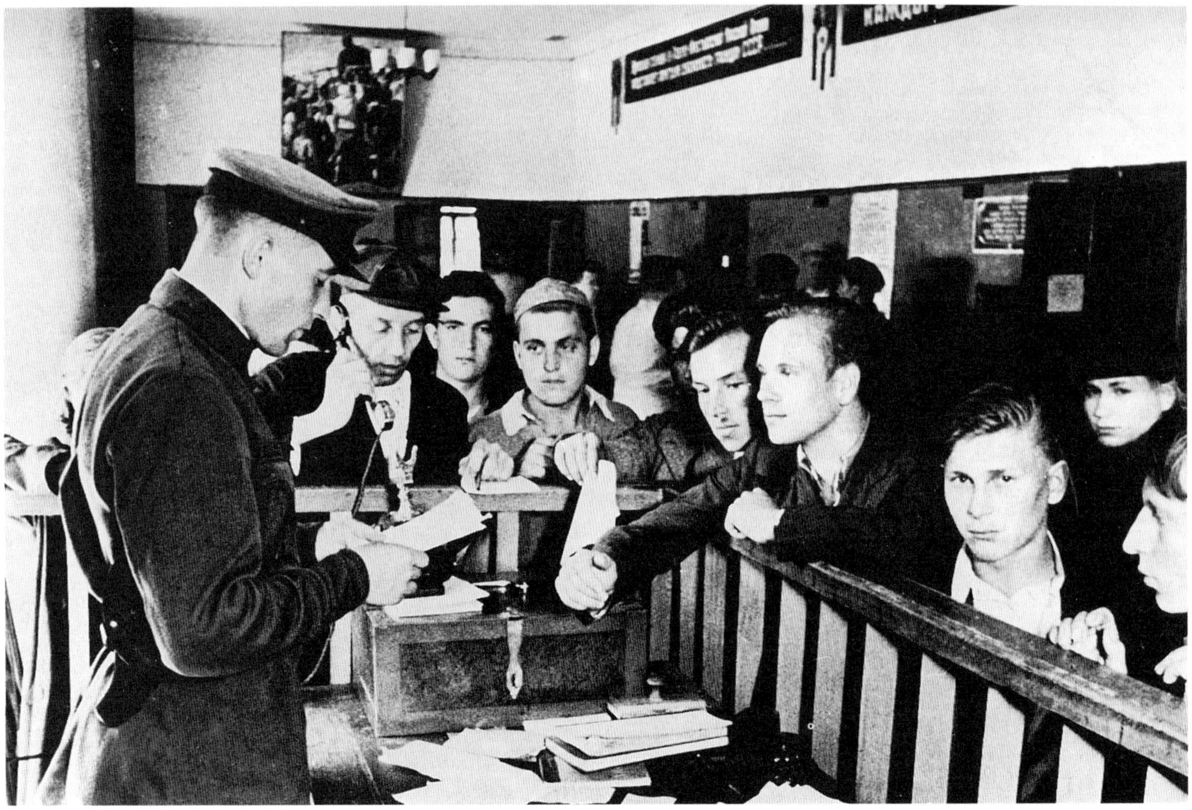

23. Juni 1941: Freiwillige schreiben sich für den Militärdienst ein. In den Jahren 1941/42 meldeten sich rund zwei Millionen Freiwillige. Zu Kriegsbeginn bestanden einige Einheiten fast vollständig aus Freiwilligen, aber bis 1943 ging man von diesem Prinzip ab, da die Verluste an gutausgebildeten Berufsleuten und technischen Experten in diesen Einheiten sehr hoch waren.

Einheiten der Roten Armee paradieren mit dem leichten 14,5-mm-Panzerabwehrgeschütz Modell PTRS 1941. Wegen ihrer Vorliebe für den Nahkampf rüstete man die russischen Truppen noch mit Panzer- oder Tankbüchsen aus, nachdem ihre westlichen Verbündeten und die Achsenmächte diese Waffe schon lange als veraltet abgeschafft hatten. Tatsächlich fanden sich in der Roten Armee vier verschiedene Typen von Panzerbüchsen.

Unsere Einheit war in der Ukraine stationiert, und zwar in der Stadt Proskurow, nur wenige Kilometer von der Grenze entfernt. Am 21. Juni kamen wir abends spät von einer Übung zurück und erfuhren erleichtert, daß nach dem Essen dienstfrei war. Nichts deutete auf das kommende Unheil hin. Ich erinnere mich ganz genau an den sternenübersäten schwarzen Himmel, und wie unergründlich tief er mir auf dem Weg zu den Baracken vorkam. Etwa um vier Uhr früh fielen die ersten Bomben auf die Stadt, und eine halbe Stunde später waren wir in erbitterte Kämpfe mit deutschen Luftlandetruppen verwickelt, die am Stadtrand gelandet waren. Keiner von uns wußte damals – wie konnte er auch? –, daß 1418 Tage und Nächte vergehen würden, bevor wir uns an den faschistischen Sadisten rächen konnten – für das Elend, das sie über unser friedliebendes Volk brachten, für die Tränen unserer Mütter und Kinder.

In seiner Ansprache nach der deutschen Invasion des Jahres 1941 sagte Stalin: »Wo immer Einheiten der Roten Armee zum Rückzug gezwungen sind, müssen die Bauern der Kollektivfarmen ihr gesamtes Vieh wegtreiben und ihre Getreidevorräte den staatlichen Organisationen zur Rückschaffung ins Hinterland übergeben. Alle wertvollen Besitztümer, ob Getreide, Brennstoff oder Metalle, die nicht evakuiert werden können, müssen zerstört werden.« Das Bild zeigt Vieh auf dem Treck in Richtung Osten. Von einigen Kühen wird berichtet, daß sie bis zu 160 Kilometern zurücklegen mußten, ohne gemolken, getränkt oder gefüttert zu werden.

Ein gewohnter Anblick in einem zerstörten Dorf. Alles, was von den alten Holzhäusern bleibt, sind die Eisenherde. In den Ruinen Tausender von Häusern kauerte die Familie rund um diesen Herd. Gesunde Erwachsene schliefen auf dem Boden, während die Kinder, die alten Leute und die Katzen auf dem Herd Wärme suchten.

Bild links: *Die Ukraine im Juli 1941. Ein brennendes Dorf zeugt vom Vormarsch der Truppen unter Marschall von Rundstedt in Richtung der kaukasischen Erdölfelder. Eine Bilanz nach dem Krieg nannte 6 Millionen durch die Deutschen zerstörte Häuser und 25 Millionen Obdachlose.*

Ein verwundeter Soldat wird im Sommer 1941 aus der vordersten Linie weggebracht. In diesem Jahr verfügte die Rote Armee über sehr wenig automatische Waffen; die meisten Soldaten waren mit Karabinern ausgerüstet.

Ein Sowjetsoldat schleppt einen verwundeten Genossen von der Frontlinie zurück (Sommer 1941).

General (später Marschall) Iwan Konjew an der Moskauer Front im Herbst 1941. Er wird begleitet von einer Gruppe sowjetischer Schriftsteller, die als Kriegskorrespondenten für den »Roten Stern« oder für die »Prawda« arbeiteten. In der Gruppe findet man den Romancier Alexander Fadejew, den »Soldatendichter« Alexei Surkow, und – als berühmtesten – Michail Scholochow, den Autor von »Der stille Don«. Dank ihren Beiträgen war die literarische Qualität der Kriegsberichterstattung in der sowjetischen Presse sehr hoch.

Meine Feuertaufe erhielt ich am Fluß Wilija in Litauen, am sechsten Kriegstag. Unter unvorstellbaren Schwierigkeiten hatten wir eine Pontonbrücke über den Fluß gebaut, und am Morgen überquerten ihn unsere Kampf- und Versorgungseinheiten sowie unsere Sanitätstruppen. Hinter ihnen kam ein endloser Strom von Flüchtlingen, die ihr Vieh vor sich hertrieben. Die Überquerung dauerte sehr lange, und schon bald stauten sich die Menschen und Fahrzeuge am Flußufer. In diesem Augenblick griffen die deutschen Bomber an. Was jetzt folgte, hat sich meinem Gedächtnis auf ewig eingeprägt. Die Leute auf der Straße rannten dem Waldrand zu, um dort Deckung zu suchen, sie sprangen von der Straße in den Fluß, aber der Tod holte sie überall ein. Eine Bombe explodierte mitten in der brodelnden Menschenmasse. Ich wurde von etwas Heißem, Klebrigem zu Boden gedrückt. Als ich wieder zu Bewußtsein kam, stellte ich fest, daß ich unter den zerfetzten Teilen von etwas lag, das einst ein menschlicher Körper gewesen war. Selbst die Erde brannte, Kisten mit Patronen und Granaten flogen in die Luft, und die Brücke, die wir mit so viel Mühe gebaut hatten, war zerstört. Nach dem Abzug der Bomber dauerte es mehr als eine Stunde, bis wir unsere Leute oganisiert hatten, um die Verschütteten auszugraben und den Verwundeten Erste Hilfe zu leisten. Mit schwerem Herzen begruben wir die toten Pioniere beim Fluß und errichteten ihnen ein bescheidenes Grabmal – ein Baum, von dem wir die Rinde geschält hatten. Während des ganzen Krieges sollten wir uns an dieses erste Massengrab und an das Grabmal erinnern …

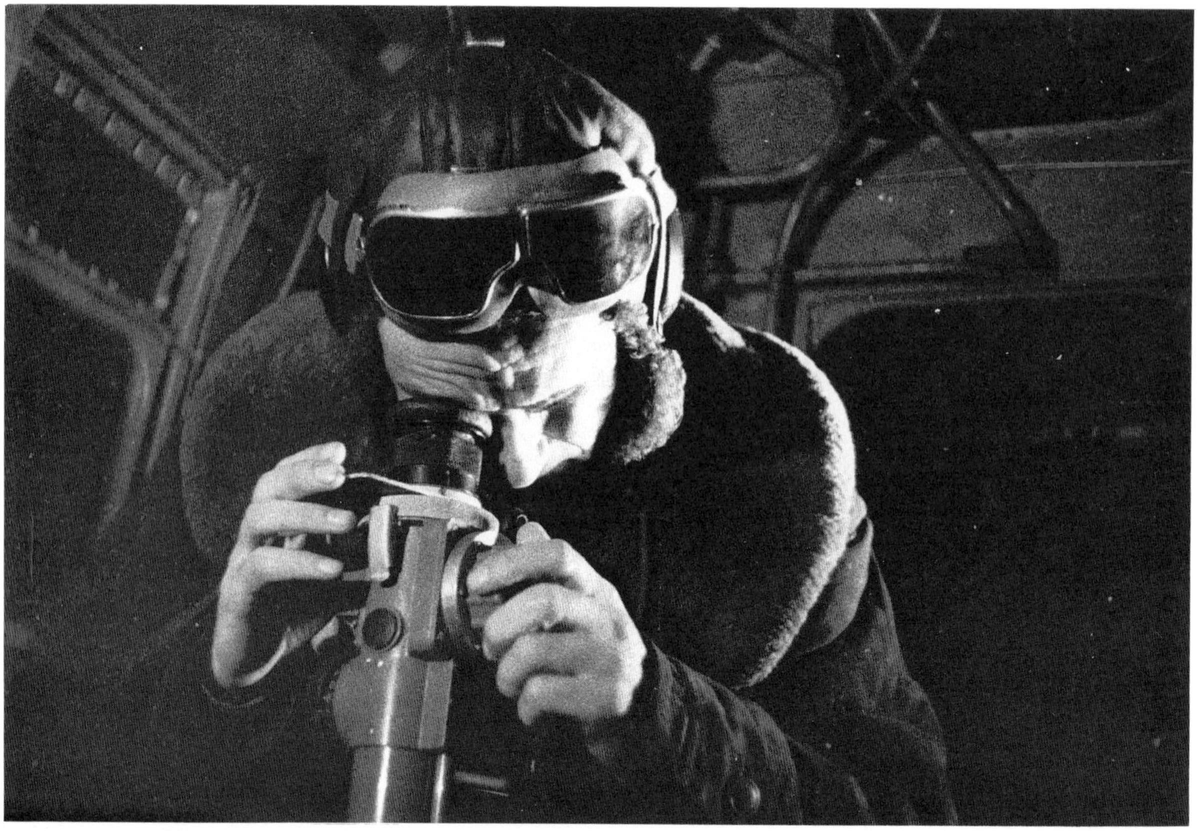

Nächtlicher Bombenabwurf auf Berlin aus der Sicht der Sowjets. Erstmals fand am 11./12. August 1941 ein Bombenangriff der Roten Luftwaffe auf die deutsche Hauptstadt statt – dies mit Bombern des Typs Petljakow Pc 8 des Schweren Bomberregiments 332.

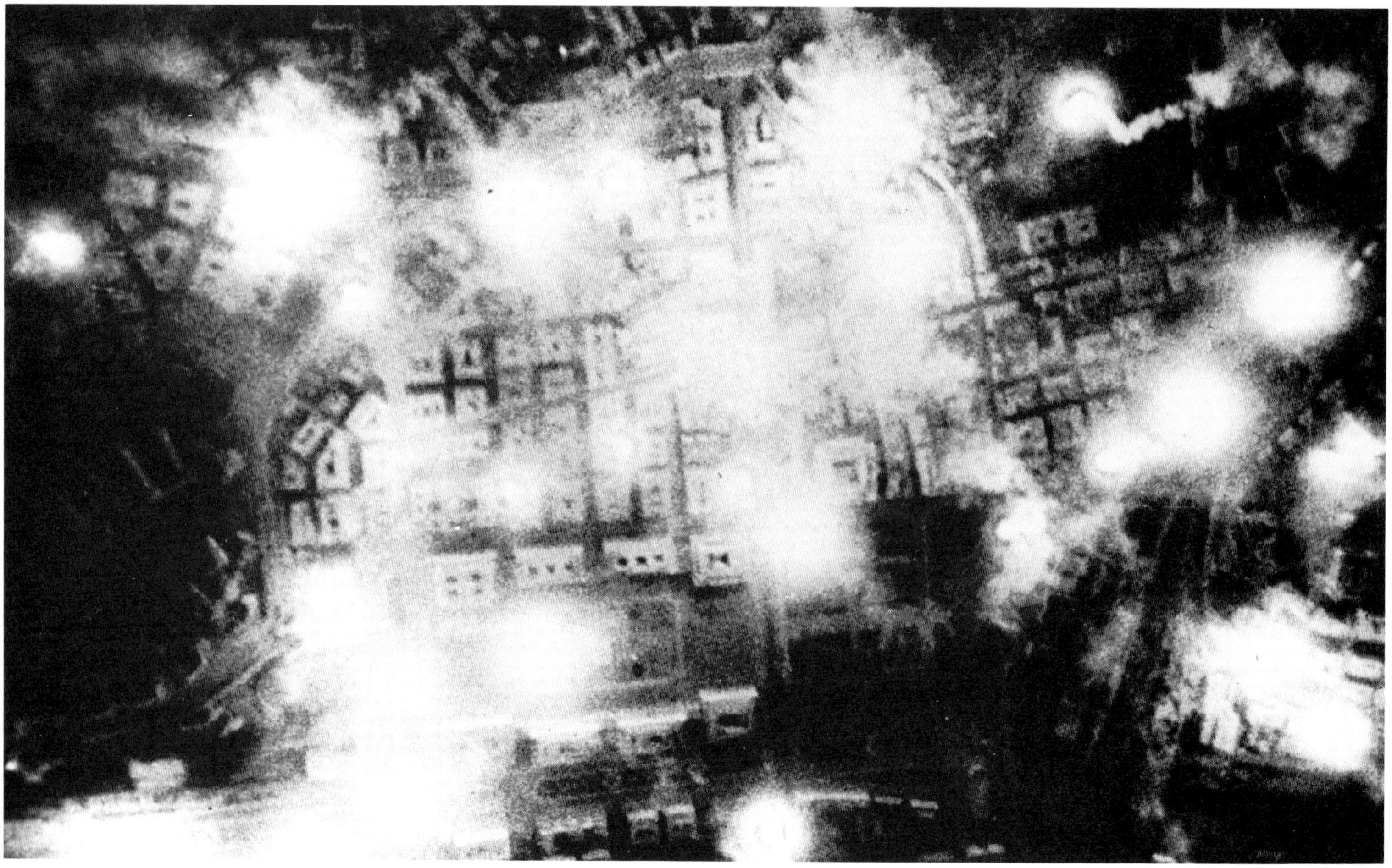

Ein Petljakow-Pc-8-Bomber des Typs, der beim Nachteinsatz auf Berlin zur Verwendung kam.

Eine Bombe mit der Aufschrift: »Ein Geschenk für Hitler!«

Kinder helfen in Odessa beim Bau von Barrikaden aus Sandsäcken mit. Die Stadt wurde vom 5. August bis zum 16. Oktober 1941 von einer deutschen und 18 rumänischen Divisionen belagert. Die Hälfte der Bevölkerung, rund 350 000 Einwohner, konnte auf dem Seeweg evakuiert werden. Die Verluste der Rumänen waren sehr hoch: 110 000 Mann nach russischen, 70 000 nach rumänischen Angaben. Odessa bekam zusammen mit Moskau, Stalingrad, Leningrad und Kiew den Titel einer »Heldenstadt« zugesprochen.

Sänger des Bolschoitheaters auf Brandwache im August 1941. Der Feueralarm wurde auf breiter Basis organisiert, und während der ersten Luftangriffe wurden viele Mitglieder des Korps durch Brandbomben schwer verwundet – manchmal, weil sie die Bomben mit bloßen Händen anfaßten. Die Strafen für diejenigen, die ihre Pflicht vernachlässigten, waren drakonisch. In einem bestimmten Fall wurden drei Männer, die für die Zerstörung eines Lagerhauses im Wert von 3 Millionen Rubel als schuldig befunden wurden, erschossen.

Nach heftigen Kämpfen brachen die Nazis in Sokal ein, einer Stadt in der westlichen Ukraine. Ein Panzer ratterte geradewegs auf die Ruinen des Gebäudes los, das einst den Grenzkommandoposten beherbergt hatte und in dessen Keller jetzt Frauen und Kinder Schutz suchten.

In diesem Augenblick stürzte sich ein Mann in brennenden Kleidern auf das gepanzerte Monstrum. Er riß sich den brennenden Mantel vom Leib und warf ihn auf das Gitter der Motorhaube, dann rollte er sich wie eine lodernde Fackel unter den Panzer. Eine heftige Explosion, und die Deutschen drehten ab ...

Dies geschah am ersten Kriegstag, am 22. Juni, um neun Uhr früh.

Ein Soldat der Roten Armee hinter einem schweren 12,7-mm-Maschinengewehr vom Typ Daschka 1938, dem sowjetischen Standardmodell bei den schweren Maschinengewehren.

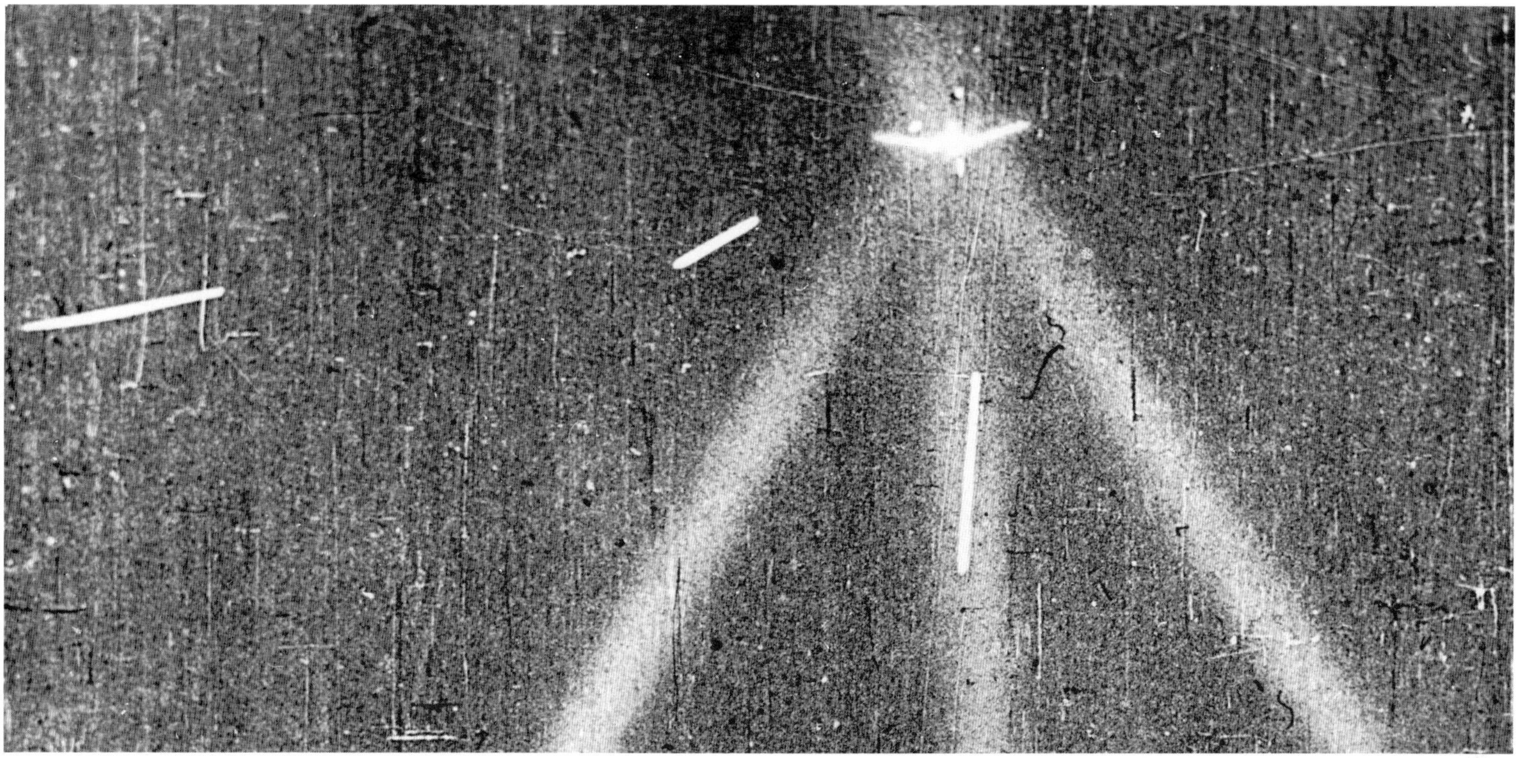

Ein Scheinwerfer erfaßt ein deutsches Flugzeug; rund um das Ziel explodieren Leuchtspurgranaten.

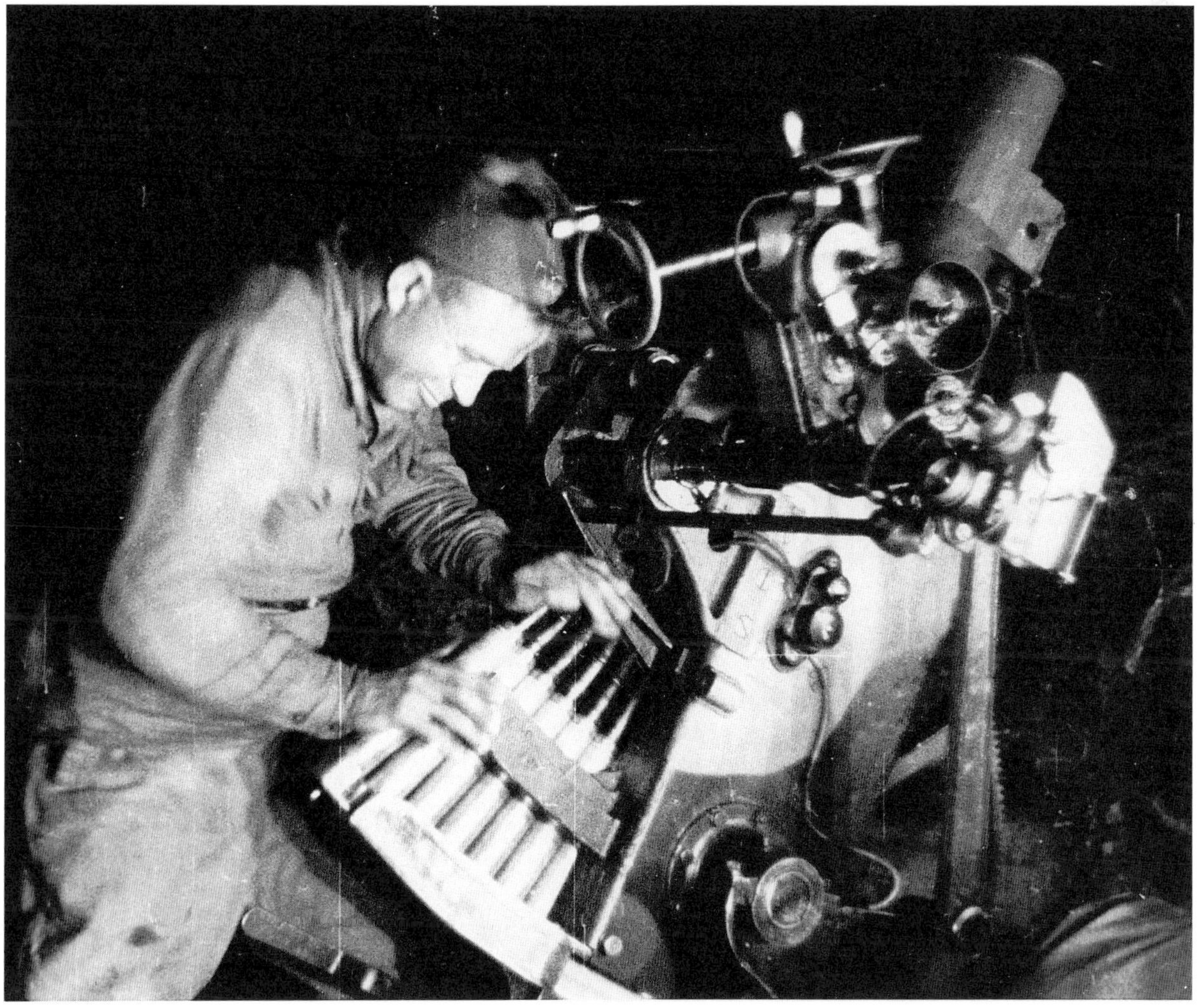

In ein 37-mm-Flakgeschütz, Modell 1939, wird Munition eingeführt. Seine Feuerleistung betrug 80 Schuß pro Minute; jede Granate wog 0,785 kg.

Die Schlacht um Sewastopol dauerte 250 Tage, vom 30. Oktober 1941 bis zum 4. Juli 1942, an dem die Stadt den Deutschen in die Hände fiel. Im Bild feuert das sowjetische Schlachtschiff »Parischskaja Kommuna« (»Pariser Kommune«) auf eine deutsche Stellung.

Bei der Schlacht von Sewastopol waren die Russen gegenüber den deutschen und rumänischen Angreifern im Verhältnis eins zu zwei in der Minderzahl. Im Bild rollt eine Krankenschwester eine Zigarette für einen verwundeten Soldaten – dies anläßlich einer Evakuierungsfahrt.

Der Heilige Krieg

Erhebe Dich, Du großes Land, in fürchterlicher Macht!
Zum tödlichen Kampf sei gerüstet
gegen die bösen Mächte der Nacht,
der Faschisten verfluchte Horden!
Den Sturm der Entrüstung lasse rasen,
gieß aus Deinen gerechten Zorn!
Dies ist ein Heiliger Krieg, den wir führen,
eines Volkes Heiliger Krieg.

Dies war das berühmteste aller Lieder während des Zweiten Weltkriegs. Ein Chorsänger von damals erinnert sich: »Als wir unsere Plätze auf der improvisierten Tribüne einnahmen, fragte ich mich, ob wir unter diesen Bedingungen überhaupt auftreten könnten. Der große Wartesaal war vollgepackt und lärmig. Gesprächsfetzen, kurze Befehle, Radiodurchsagen …

Alexandrow hob seinen Stock, und schon nach den ersten Noten war es im Saal ruhig geworden. Als wir bei der zweiten Strophe angelangt waren, hatte sich jedermann erhoben, als würde die Nationalhymne gespielt. In vielen Augen standen Tränen – auch in unseren. Auf Verlangen der Zuhörer sangen wir das Lied fünfmal …«

Marinesoldaten bei einem Angriff. Sie hießen bei ihrem deutschen Gegner »Der schwarze Tod« – dies wegen der Farbe ihrer Uniform und weil sie zu den besten Kampfeinheiten der sowjetischen Truppen gehörten.

Szene in Murmansk: »Und dann drehte er ...« Ein sowjetischer Flieger beschreibt einen Luftkampf. Russische Flieger trugen den Übernamen »Stalinfalken«.

Murmansk: Nur noch Schornsteine erheben sich da, wo einst eine Stadt war. Eine obdachlose Familie flieht vor den Deutschen. Die Hafenstadt, die für den britischen Nachschub an die Sowjetunion eine wichtige Rolle spielte, wurde im Juni 1942 durch Bombenangriffe zerstört.

Anglo-sowjetisches Fußballspiel in Murmansk, dem Hafen an der Barentssee. Das Geschwader 135 der Royal Air Force war hierher verlegt worden, um den Versorgungskonvois mit Munition und Ausrüstung Schutz aus der Luft zu gewähren. Ihr Flugzeug: der Hawker Hurricane.

Etwa eine halbe Million Zivilisten – Frauen, Kinder und alte Leute – helfen beim Ausheben von Panzergräben rund um Moskau. Bevor man mit dem Graben beginnen konnte, mußten große Feuer angelegt werden, die den gefrorenen Boden auftauten. Die Deutschen griffen auch die Zivilbevölkerung mit Bomben und Maschinengewehrfeuer an; es gab dabei sehr hohe Verluste an Toten und Verwundeten.

Sperrballone über den Straßen von Moskau im Jahre 1941. Solche Ballone wurden vor allem zur Verteidigung von Moskau eingesetzt. Sie zwangen die deutschen Bomber, höher zu fliegen, wodurch die Bombardierung ungenauer wurde.

Moskau im Oktober 1941: Sperrballon vor dem Bolschoitheater.

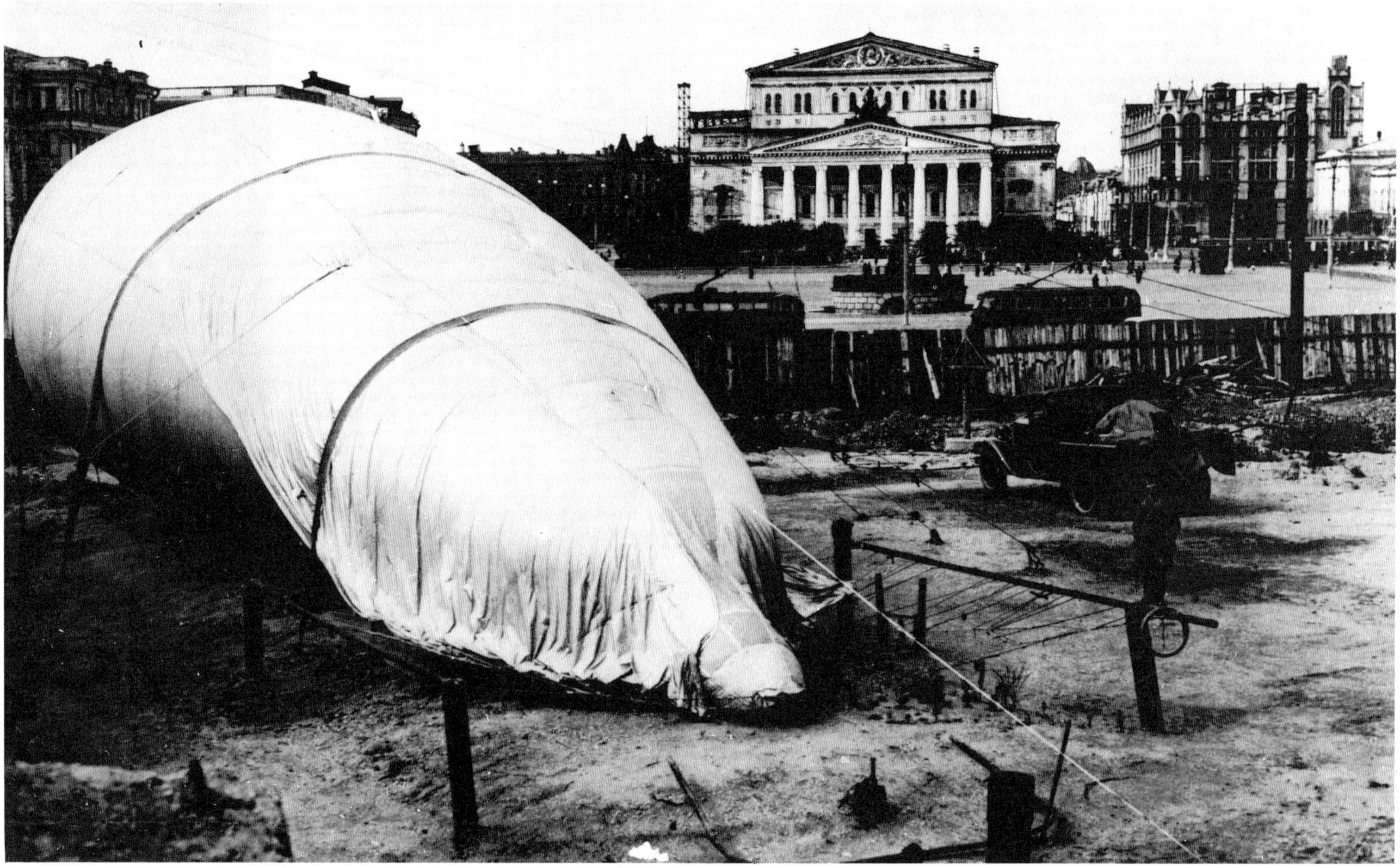

Sandsackbarrikaden in der Smolensk-Straße in Moskau. Beim Vormarsch der Heeresgruppe Mitte auf die Hauptstadt wurden solche und andere Verteidigungsmaßnahmen ergriffen, um einen allfälligen Vorstoß ins Stadtzentrum aufzuhalten.

Nach erbitterter Gegenwehr waren wir gezwungen, uns aus Daugawpils zurückzuziehen. Die Stadt war ein einziges Inferno brennender Häuser und explodierender Granaten. Plötzlich tauchte mitten im Tumult der Straßenkämpfe eine Frau mit einem Säugling in den Armen auf. Sie war vor Schreck nahe daran, den Verstand zu verlieren, und schrie nur immer, jemand solle ihr Baby retten. Zu unserer Linken rückte gerade eine Kompanie vor. Der Leutnant, der kaum älter als zwanzig sein mochte, sah die Frau und eilte ihr ohne zu zögern zu Hilfe. Wir eröffneten das Feuer, um ihm Deckung zu geben. Er nahm der Frau den Säugling ab und zerrte sie am Handgelenk zu einem nahegelegenen Mietshaus. Nach etwa drei Minuten tauchte er wieder auf und rannte über die Straße, zurück zu seiner Kompanie. In diesem Augenblick schlug eine Granate vor uns ein. Ich stand dem Leutnant zufällig am nächsten und stürzte zu ihm hin, um ihm zu helfen. Ein Bein war oberhalb des Knies abgetrennt. Ich nahm meinen Gürtel ab und zog ihn oberhalb der Wunde zusammen, um den Blutfluß zu dämmen.

Ich habe den ganzen Krieg durchgemacht und viele Schwerverwundete gesehen. Aber weder vorher noch nachher ist mir solche Tapferkeit begegnet. Der Leutnant lächelte und sagte zum Abschied: »Das ist nicht wichtig. Was zählt, ist, daß ich diese Frau und ihr Baby gerettet habe.« Ich werde es mir nie vergeben, daß ich den Namen dieses jungen Burschen vergessen habe …

Kinder in einem Schutzgraben während eines Luftangriffs auf Moskau im Spätsommer 1941.

Josef Stalin bei einer Ansprache von der Tribüne, die für die traditionelle Revolutionsfeier vom 7. November 1941 errichtet worden war. In diesen Tagen hatten die Deutschen bereits die Vororte von Moskau erreicht. Trotzdem beschloß man, die Parade durchzuführen. Dies und die Anwesenheit Stalins, der bei Kriegsbeginn einen Zusammenbruch erlitten hatte, hob die Moral der Bevölkerung, die Mitte Oktober beinahe einer allgemeinen Panik zum Opfer gefallen wäre.

In seiner Rede stellte Stalin Vergleiche zum ersten Jahrestag im Jahre 1918 an, als die Lage noch viel schlimmer war, aber als die mitreißende geistige Macht Lenins das Volk zum Widerstand gegen den Feind beflügelt hatte. Er rief uns die großen russischen Helden der Vergangenheit in Erinnerung und schloß: »Der Krieg, in dem ihr kämpft, ist ein Befreiungskrieg, ein gerechter Krieg! Möge euch in eurem Kampf das Andenken an die großen Helden beflügeln – an unsere Vorfahren Alexander Newski, Dimitri Donskoi, Minin und Poscharski, Alexander Suworow, Michail Kutusow! Möge euch Lenins siegreiches Banner segnen! Tod den deutschen Eindringlingen! Lang lebe unser ruhmreiches Land, seine Freiheit und seine Unabhängigkeit! Unter Lenins Banner – vorwärts zum Sieg!«

Nach der Truppenparade rattern Panzer durch die Gorki-Straße in Richtung Front. Sobald die Feier vorbei war, kehrten sämtliche Soldaten und ihre Fahrzeuge unverzüglich in die Kampfzone zurück. Es hieß, die Deutschen planten eine eigene Feier auf dem Roten Platz, die nach der Einnahme von Moskau vor sich gehen sollte – ja, es gebe dazu bereits gedruckte Einladungen! Hitler hatte gehofft, der Rußlandfeldzug wäre im November abgeschlossen. Tatsächlich drangen die deutschen Truppen nur bis Istra, fünfundzwanzig Kilometer westlich von Moskau gelegen, vor.

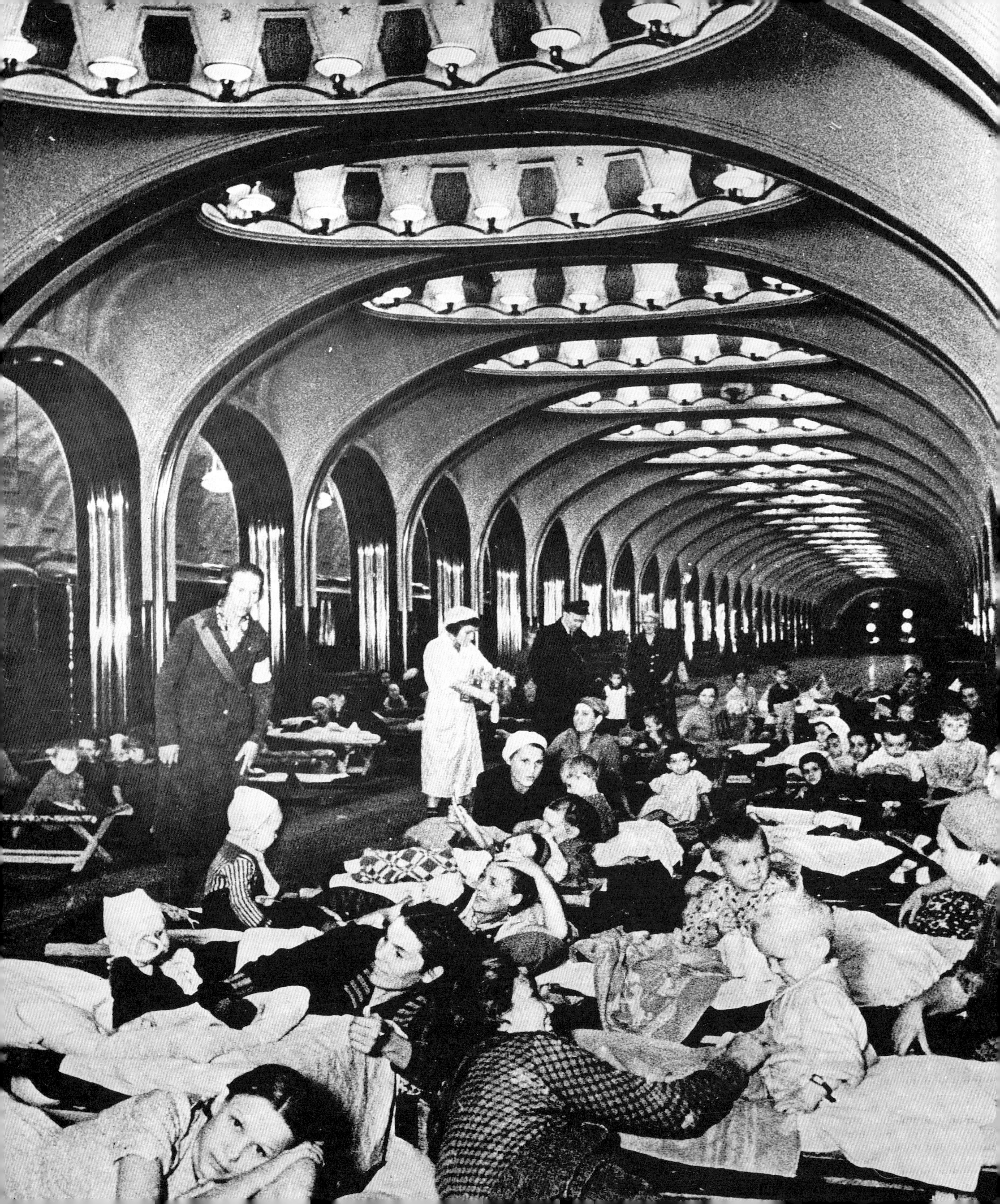

Direkter Treffer auf einen deutschen Panzer.

Bild links: *Ganze Familien haben sich für die Nacht in der U-Bahn-Station Majakowski eingerichtet. Alle tiefergelegenen Moskauer Metrostationen dienten als Luftschutzbunker. Die Moskauer Untergrundbahn, die 1935 eröffnet wurde, galt als eine der großen Leistungen des Sowjetregimes in der Vorkriegszeit.*

Eine Feldhaubitze, Modell 1910/30, wird geladen. Dieses Geschütz stammt noch aus dem Ersten Weltkrieg und hat eine Reichweite von neun Kilometern; seine Granaten wiegen 21,76 Kilogramm. Diese Art von Geschütz kam besonders dann zum Einsatz, wenn ein mehrere Kilometer weit entferntes Ziel beschossen wurde, das nicht sichtbar war. Die durchschlagskräftigen Granaten beschrieben im Flug einen hohen Bogen.

Bild rechts: *Dezember 1941. Pferdegezogene Schlitten bringen Munition an die Front – vorbei am Kreml.*

Dezember 1941. Vor einem Zeitungskiosk informieren sich Passanten über den Verlauf der Schlacht um Moskau. Der Mann im Vordergrund arbeitete mit ziemlicher Sicherheit in einer kriegswichtigen Industrie (z. B. Munition), da zu diesem Zeitpunkt die Arbeiter aller minder wichtigen Industrien in den Osten evakuiert worden waren. Am 7. November 1941 hatte bereits die Hälfte der Bevölkerung die Hauptstadt verlassen. Stalin blieb jedoch während der ganzen Schlacht in Moskau.

Die Verteidigung von Moskau. Wintersichere Kleidung wie die Schaffellmäntel dieser Soldaten spielten bei der Schlacht um die Hauptstadt eine wichtige Rolle. Hitler hatte stets behauptet, seine Soldaten würden gar keine Winterausrüstung brauchen, da der Krieg noch vor dem Kälteeinbruch vorbei sein würde. Als besonders nützlich erwiesen sich die warmen Mäntel – auch sie nur für einen Teil der russischen Truppen verfügbar –, wenn man stundenlang bis zu den Hüften im Schnee in einem Schützengraben stehen mußte. Die Verteidiger im Bild sind ausgerüstet mit der 14,5-mm-Panzerbüchse PTRS 1941 und dem 7,62-mm-Maxim-Maschinengewehr, das große Ähnlichkeiten mit dem britischen Vickers-MG aufwies.

Das 7,62-mm-Maschinengewehr Maxim 1910 im Einsatz. Beim Maximgewehr wurde die Munition mit Gurten zugeführt. Es hatte Wasserkühlung und operierte mit dem Rückstoßprinzip. Es gab zwei verschiedene Typen von Lafetten – die populäre »Sokolow«-Lafette (so benannt nach dem Konstrukteur), die aus einem kleinen Wagen und einem U-förmigen Schwanz bestand (hier im Bild). Dann gab es den dreibeinigen Universal-Aufsatz. Beide Lafetten konnten mit einem Stahlschild versehen werden, der den Schützen schützte.

Ein Gefreiter unterhält seine Kameraden mit einem traditionellen russischen Tanz für Männer – dies in der ermüdenden und schwierigen Kauerstellung.

Ich erinnere mich, wie wir versuchten, einen kleinen Hügel zu nehmen, der uns die Kontrolle über eine Ortschaft gegeben hätte. Drei Mal griffen wir an, und jedes Mal wurden wir zurückgeworfen. Der Feind eröffnete ein mörderisches Sperrfeuer. Ich wurde auf eine Spähermission ausgeschickt, und dabei beobachtete ich den folgenden Zwischenfall. Ein sowjetischer Soldat ging aufrecht auf den Hügel zu. Er war verwundet, ganz allein und trug keine Waffe. Die Deutschen beobachteten ihn aufmerksam. Als der Soldat noch etwa dreißig Meter von ihnen entfernt war, zog er eine Mundharmonika aus der Tasche und begann, eine liebliche russische Melodie auf ihr zu spielen. Langsam kletterten die Nazis aus ihren Unterständen, und bald hatten sie den Mann praktisch umringt. Das letzte, was ich sah, war die Detonation einer Handgranate, und wie die Deutschen in alle Richtungen geschleudert wurden. Der Soldat hatte sich zusammen mit dem Feind in die Luft gesprengt.

Bild links: *Sowjetische Wache auf dem Roten Platz vor dem Grab Lenins; November 1941. Die Tiefe der Schneedecke zeigt, wie ungewöhnlich hart der Winter dieses Jahres war.*

Die russische Gegenoffensive in der Region Moskau begann am 5./6. Dezember 1941 auf einer tausend Kilometer breiten Front. Im Bild stürmen russische Soldaten ein von den Deutschen besetztes Dorf am westlichen Rand der Stadt.

Russischer Gegenangriff vor Moskau. Um diese Offensive zu verstärken, brachte man ausgeruhte sibirische Truppen in den Westen. Diese gutausgerüsteten Soldaten waren die extreme Kälte gewohnt. Tarnanzüge, wie sie dieses Bild zeigt, spielten für den Kampf im Schnee eine wichtige Rolle. Die Deutschen, die nicht darüber verfügten, improvisierten ähnliche Anzüge aus erbeuteten Tischtüchern und Bettlaken. Die Soldaten im Bild verfügen über Maschinenpistolen, die zu dieser Zeit in der sowjetischen Armee noch äußerst selten waren.

Straße bei Moskau nach dem deutschen Rückzug. Während der Schlacht um die Hauptstadt fiel das Thermometer auf minus vierzig Grad. Die Russen verstanden sich auf diese Bedingungen; die Deutschen hatten noch nie etwas dergleichen erlebt. Automatische Waffen froren ein und gaben nur noch Einzelfeuer her. Aber während die Deutschen auf ihrem Rückzug die nutzlos gewordenen Waffen wegwarfen, mußten sie oft erleben, wie ihre russischen Verfolger sie auflasen, mit dem richtigen Öl behandelten und gleich anschließend gegen sie richteten.

Nach der langen Schlacht um Dawidowo, ein Dorf in der Gegend von Moskau, erhielt unsere Kompanie die Erlaubnis zum Waschen. Es war schon beinahe Morgen, und wir suchten überall nach einem Brunnen. Wir klopften an die erstbeste Türe. Ein alter Mann, immer noch verstört von der nächtlichen Schlacht, wies uns ans andere Ende des Dorfes. »Dort sollte ein Ziehbrunnen sein«, sagte er, »wenn ihn die Nazis nicht noch vor dem Rückzug in die Luft gesprengt haben.« Der Brunnen stand unbeschädigt da. Aber als wir in den Schacht schauten, gerann uns das Blut in den Adern. Der Brunnen war voller Kinderleichen – vom winzigen Säugling bis zum etwa Fünfjährigen.

Maxim-Maschinengewehre vom Typ »Tatschjanka« wurden auf pferdegezogene Karren montiert. Diese Waffe hatte sich noch im Bürgerkrieg als sehr effektiv erwiesen. Im Jahre 1941 war sie natürlich veraltet, kam aber wenn nötig immer noch zum Einsatz.

Kalinin, so benannt nach einem der Helden der Revolution, wurde während der Gegenoffensive befreit. Das Bild zeigt eine Szene vom 16. Dezember 1941: Pferde ziehen Geschütze durch die Straßen der Stadt.

Schadenaufnahme in Jasnaja Poljana, dem Haus von Leo Tolstoi. Die Deutschen hatten das Gebäude bis zur Gegenoffensive vom Dezember 1941 besetzt gehalten. Sie hatten es schwer geplündert und beschädigt und ihre Toten rund um Tolstois Grab herum bestattet. Heute dient das Haus als Museum.

ХОЗНИКА

Kriegswichtige Maßnahmen

Iwan Koschedub, erfolgreichster sowjetischer Kampfpilot des Krieges, schoß sechzig feindliche Flugzeuge ab, ohne dabei sein eigenes Flugzeug je zu verlieren. Er begann den Krieg als Feldwebel, da er bereits einen Schnellkursus im Fliegen absolviert hatte. Er wurde dreimal zum Helden der Sowjetunion ernannt und ist heute Marschall der Luftwaffe.

Mitte Juli 1941, also kaum drei Wochen nach dem deutschen Überfall, wohnte ein britischer Zeitungskorrespondent in Moskau der Aufführung eines Theaterstücks mit dem Titel »Die Steppen der Ukraine« bei. Eine der Figuren des Stücks erklärte darin: »Es gibt nichts Unerträglicheres, als unterbrochen zu werden, wenn man das Dach über seinem Haus beinahe schon fertig hat. Wenn man uns nur noch fünf Jahre in Ruhe gelassen hätte! Aber wenn der Krieg kommt, dann kämpfen wir mit einer Wildheit und einer Wut, die die Welt noch nie gesehen hat!« Der Saal kochte vor Begeisterung fast über, und auch der Korrespondent war der Ansicht, dies sei »eine vorzügliche Zusammenfassung der russischen Einstellung zum Krieg«. Von einem Tag auf den anderen mußten sich alle Lebensbereiche der Kriegsproduktion unterordnen, und für die nächsten vier Jahre beherrschte der Wahlspruch »Alles für die Front! Alles für den Sieg!« das ganze Gebiet der Sowjetunion.

Anfang Juli 1941 wurde ein Evakuierungskomitee ernannt, das den Abtransport von Industriewerken und nationalen Kulturgütern in Gebiete, die weitab von der Front lagen, organisierte. Die Regierung unterstützte alle Entscheidungen des Komitees; sie mußten von jedermann befolgt werden. Mit den ersten Abtransporten begann man schon wenige Tage nach der Invasion. Am 2. Juli wurde entschieden, daß das Panzerplattenwerk von Marjupol in der südlichen Ukraine nach Magnitogorsk verlegt werden sollte, obwohl Marjupol noch Hunderte von Kilometern von der Front entfernt lag. Gleichzeitig wurden Dutzende weiterer Industriewerke aus dem Baltikum, aus Weißrussland und der Ukraine evakuiert, zum Teil unter feindlichem Feuer. Am 3. Juli beschloß das Verteidigungskomitee, nachdem es die Pläne für die Waffenproduktion der nächsten Monate gutgeheißen hatte, 26 Rüstungswerke in Moskau, Leningrad und Tula nach dem Osten zu verlegen, und noch in der gleichen Woche entschied man, Einrichtungen und Mannschaft der Dieselabteilung der Traktorfabrik Kirowski in Leningrad und der Traktorfabrik von Charkow zu verlegen.

Andere Werke wurden für die kriegswirtschaftlichen Anforderungen umgerüstet. So konzentrierte sich die Automobilfabrik in Gorki fortan auf die Herstellung von Panzermotoren, gleichzeitig gründete man ein riesiges Kombinat für die Massenproduktion von Panzern. Ähnliche Maßnahmen betrafen die Flugzeugindustrie. Eine Fabrik, die am 9. August demontiert und abtransportiert worden war, traf am 6. September im Ural ein und nahm bereits am 24. September die Produktion in vollem Umfang wieder auf. Allein aus Kiew wurden innerhalb zweier Monate 197 größere Industriewerke evakuiert. Alles in allem verlegte man zwischen Juli und November 1941 1523 größere Produktionsstätten – darunter 1360 wichtige Rüstungsbetriebe – in den Osten. 226 davon wurden in der Wolgaregion wieder aufgestellt, 667 im Ural, 244 in Westsibirien, 78 in Ostsibirien und 308 in Kasachstan, im Herzen Asiens.

Einige der demontierten Anlagen gliederte man bereits bestehenden Fabriken ein und vergrößerte so deren Kapazität. Aber ebensooft mußten die evakuierten Anlagen im Freien wieder aufgestellt werden, dies unter den denkbar ungünstigsten Wetterverhältnissen, mit denen Herbst und Winter aufwarteten. Und trotzdem nahmen zahlreiche Fabriken keine sechs Wochen, nachdem sie am Bestimmungsort angelangt waren, den Betrieb wieder auf. So stellte man in Taschkent, der Hauptstadt Usbekistans, in wenigen Wochen 100 000 Quadratmeter Industriefläche für 23 Fabriken bereit, die aus dem Westen eintrafen. Die aus Moskau evakuierten Schkalow-Flugzeugwerke produzierten 40 Tage nach der Ankunft ihr erstes Flugzeug. Außerordentliche Schwierigkeiten häuften sich. Einer Munitionsfabrik, die aus Rostow am Don kam, fehlte die

Gießerei, die man in der Verwirrung des Aufbruchs vergessen hatte. Damals hatte man zwei Jahre für den Bau der Gießerei gebraucht; jetzt wurde sie in 28 Tagen fertiggestellt.

Zur gleichen Zeit mußte sich Taschkent, das vor dem Krieg 700000 Einwohner gezählt hatte, auf die Unterbringung von 200000 Evakuierten – unter ihnen 40000 Kinder – rüsten. In Usbekistan kamen insgesamt zwei Millionen Menschen zur Vorkriegsbevölkerung von 6200000 Seelen hinzu. Anfänglich brachte man die Neuankömmlinge in freistehenden Räumen unter oder trat ihnen eine Zimmerecke in bereits bewohnten Gebäuden ab. Aber schon bald baute man aus Lehmziegeln einstöckige Aufnahmegebäude für die Flüchtlinge.

Hinzu kam das Problem, die Evakuierten zu ernähren. Sobald einer Fabrik ein neuer Standort zugeteilt worden war, legten die Arbeiter neue Anbauflächen an – dies nach ihren normalen Arbeitsstunden. Aus Moskau kam Saatgut, und die Behörden von Usbekistan teilten die Pferde zum Umpflügen des Landes zu. Die Rüstungsfabriken mußten nebenbei eine beschränkte Anzahl von Landwirtschaftsmaschinen produzieren. Aber auch die einzelnen Familien pflanzten in der Freizeit so viel Gemüse wie möglich an.

Die erste Flüchtlingswelle überschwemmte Usbekistan zwischen Juli 1941 und Februar 1942. Dann trat eine Pause ein, aber nach der deutschen Offensive im nördlichen Kaukasus trafen erneut Hunderttausende von Evakuierten ein – dies zwischen Juli und Dezember 1942.

Trotz den ungeheuren Schwierigkeiten, die es zu überwinden galt, konnte die sowjetische Industrie auf beachtliche Produktionszahlen verweisen. Bis ins Jahr 1943 mußte man sich noch von den Rückschlägen durch die Evakuierung erholen, dann aber stieg beispielsweise die Panzerproduktion steil an. 1943 lieferte man 16000 schwere und mittelschwere Panzer, 4000 Selbstfahrgeschütze und 3500 leichte Panzer – achteinhalbmal mehr als im Jahre 1940 und beinahe viermal mehr als 1941. Die durchschnittliche Monatsproduktion stieg von 2100 (Ende 1942) auf 2900 im Jahre 1943. Im gleichen Jahr wurden 35000 Flugzeuge geliefert – 37 Prozent mehr als im Jahre 1942. Als die Schlacht um Kursk im Sommer 1943 ihren Höhepunkt erreichte, verließen mehr als tausend *Stormowiks* (das Flugzeug Il-2) die Fabriken.

Die Schauspieler des Moskauer Mali-Theaters sammelten anderthalb Millionen Rubel und gründeten, indem sie die Flugzeuge stifteten, die »Mali-Staffel« der sowjetischen Luftwaffe. Hier sehen sich die Schauspieler Turtschaninowa, Jabloschkina, Rischowa und Poljakow eine Akrobatikvorführung »ihrer« Staffel auf einem Flugplatz bei Moskau an.

Nach einer Statistik, die Stalin im Jahre 1946 vorlegte, produzierte die Sowjetunion in den Jahren 1942 bis 1945 insgesamt 100000 Panzer und 120000 Flugzeuge, 360000 Kanonen, mehr als 1200000 Maschinengewehre, 6000000 Maschinenpistolen, 9000000 Gewehre, 300000 Mörser, etwa 700000000 Artilleriegeschosse und rund zwanzig Milliarden Patronen. Ab Ende 1941 lieferten die Vereinigten Staaten und Großbritannien zur Unterstützung der Rüstung Waffen, Flugzeuge und Panzer – insgesamt vier Prozent der russischen Gesamtproduktion.

Aber nicht nur in den Fabriken hinter der Front produzierte man Waffen. In den Monaten November/Dezember 1941 stellten die Arbeiter von Sewastopol, das von deutschen und rumänischen Truppen belagert wurde, 400 Minenwerfer, 20000 Handgranaten und 32000 Landminen her. In der gleichen Zeit reparierten die eingeschlossene Garnison und Teile der Bevölkerung Tausende anderer Waffen, darunter Panzer, Kanonen und Gewehre.

Am 26. Juni 1941 trat ein Gesetz über die Arbeitszeit im Krieg in Kraft, das den Betriebsleitern von landwirtschaftlichen und industriellen Produktionsstätten das Recht gab, an jedem Tag obligatorische Überzeitstunden festzusetzen. Für die Dauer des Kriegs wurden die Ferien gestrichen; dafür erhielt der Arbeiter zusätzlichen Lohn ausbezahlt. Alle diensttauglichen Männer wurden an der Front gebraucht; allein in den ersten acht Kriegstagen wurden 5300000 Männer mobilisiert; zusätzlich schrieben sich Tausende freiwillig für den Kriegsdienst ein. In den Werkstätten und auf den Feldern mußten jetzt Frauen und Jugendliche ihre Arbeit übernehmen; diesen Hilfskräften brachte man das nötige Wissen in Schnellkursen bei. Trotz alledem wurde die Situation im Verlauf der Monate immer kritischer. Am 26. Dezember 1941 erließ der Oberste Sowjet ein Gesetz, nach dem unbewilligtes Fernbleiben von der Arbeit in jedem kriegswichtigen Betrieb als Desertion geahndet wurde.

Mitte 1942 lebten rund 70 Millionen Sowjetbürger auf Territorium, das die Deutschen besetzt hielten. Im ganzen Lande herrschte Mangel an Arbeitskräften, und die einzige Lösung hieß demzufolge: Verlängerung der Arbeitszeit. In vielen Fabriken betrug die wöchentliche Arbeitszeit für Arbeiter über 18 Jahren 66 Stunden. Die Arbeitnehmer bekamen für die Überzeit das Anderthalbfache des gewöhnlichen Lohns, dazu kamen Prämien, wenn sie ihr Arbeitssoll überschritten. Obwohl der Minimallohn zu dieser Zeit zwischen 200 und 400 Rubel monatlich lag, brachten es manche Arbeiter auf Monatslöhne von 1000 Rubel.

Ab 1. November 1941 wurden die Nahrungsmittel im ganzen Land rationiert. Aber je nach Landesteil gab es beim Beschaffen der Zuteilung große Probleme. In vielen Regionen nahe der Front erhielten die Bürger nicht einmal das Minimum an Nahrungsmitteln, zu dem ihre Bezugsmarken sie berechtigten. Umgekehrt kannte man in Städten, die weitab von der Front lagen und von Kollektivfarmen umgeben waren, keine ernsthaften Engpässe. Gab es genügend Nahrungsmittel, so konnte man auch über die eigene Zuteilung hinaus kaufen, aber zu höheren Preisen. So kostete 1941 ein Kilo Butter gegen Marken zwischen 26 und 28 Rubel. In den teuren, durchaus legalen Geschäften, die nichtrationierte Butter verkauften, zahlte man 50 Rubel für das Kilo. Zucker kostete innerhalb der normalen Ration 5.50 Rubel pro Kilo; wer über seine Zuteilung hinaus kaufte, bezahlte 15 Rubel. Brot kostete je nach Laibgröße zwischen 1.70 und 3.50; wer ohne Marken kaufte, zahlte genau das Doppelte.

Dieses System schob dem schwarzen Markt zwar keinen Riegel vor, aber es beschränkte seinen Einfluß. Tatsächlich nahm sich die Regierung selbst des Handels mit überschüssigen Nahrungsmitteln an. Daß die Bevölkerung – mit einigen schrecklichen Ausnahmen – nie unter ernsthafter Knappheit an Lebensmitteln litt, ist der effizienten Planung der Behörden zu verdanken, ebenso einer erfolgreichen Kampagne, mit der man zusätzliche Anbauflächen schuf. So überwand die Nation den Schlag, den die Besetzung der Ukraine, von jeher die Kornkammer Rußlands, bedeutete. Schon 1942 produzierte die russische Landwirtschaft ein Drittel mehr Weizen als im Jahre 1940, aber nur zwei Drittel des damaligen Ertrags an Fleisch und die Hälfte des Milchertrags von 1942. Die Bevölkerung wurde aufgefordert, wo immer möglich Pflanzfächen zu schaffen, um diesen Rückgang auszugleichen. Einzelne Betriebsgruppen aus Büro oder Fabrik erhielten Anbauflächen zugeteilt.

Auch die Kleidung mußte mit Hilfe eines Couponsystems rationiert werden, wie dies gleichzeitig auch in England geschah. So erhielt ein Arbeiter der Schwerindustrie 100 Einheiten für drei Monate; ein Büroangestellter brachte es auf 80 Einheiten. Für eine Männerhose mußte man 25 dieser Einheiten rechnen, für ein Hemd 20, für eine Unterhose 12, während ein Paar Socken mit 2 und ein Paar Schuhe mit 20 Abschnitten ins Gewicht fiel. Das gleiche System schloß auch die Haushaltwäsche ein: 30 Einheiten für eine Wolldecke,

12 für einen Kissenbezug. Auch Seife konnte man mit diesen Abschnitten beziehen: Jedermann hatte Anrecht auf ein Stück Toiletten- und ein Stück Waschseife pro Woche. In manchen Fällen konnte man wie bei den Nahrungsmitteln Kleidungsartikel in teureren Geschäften kaufen.

Aus diesen Angaben geht hervor, daß die Bevölkerung ausreichend mit Nahrungsmitteln und Kleidung versorgt war, solange genügend Vorräte vorhanden waren (was nicht immer der Fall war). Die Umstellung durch die Kriegsproduktion führte jedenfalls dazu, daß die sowjetischen Hausfrauen, bereits aus Friedenszeiten an das Schlangestehen gewöhnt, jetzt noch länger als bisher für lebenswichtige Artikel anstehen mußten oder dann auf der Suche nach der gewünschten Ware von einem Ladengeschäft zum anderen pilgerten – kein Schleck für die Frauen, die in den Fabriken ohnehin täglich Überstunden leisteten.

Obwohl die sowjetische Industrie zu dieser Zeit größtenteils in den Händen der Frauen lag, meldeten sich Tausende von ihnen als Kriegsfreiwillige. Sie wurden der Roten Armee oder der Luftwaffe zugeteilt; letztere wies drei Regimenter auf – zwei Bomber- und ein Kampffliegerregiment –, die ausschließlich aus Frauen bestanden. Ende 1941 waren acht Prozent der Soldaten der Roten Armee Frauen, wobei diese Zahl das medizinische Personal an der Front einschließt. In kürzester Zeit bildeten das Rote Kreuz und der Rote Halbmond 400000 Frauen aus, die als Ärztinnen, Krankenschwestern, Pflegerinnen oder Krankenträgerinnen an der Front Dienst taten. Im ganzen Land spielten Frauen auch beim Zivilschutz und der Feuerwache eine wichtige Rolle.

Die Kriegsindustrie spannte sogar die Kinder ein. Unter Obhut der lokalen Komsomols besuchten sie verwundete Soldaten in den Krankenhäusern oder führten Sammlungen durch. Jedenfalls zu Beginn hatten die Knaben viel Spaß beim Einsammeln von noch warmen Bruchstücken der Flakgeschosse, die in der Rüstungsindustrie zur Wiederverwendung kamen. Viele Kinder blieben nach Schulschluß im Klassenzimmer und stellten dort Blechtassen, Gewehrteile und Packkisten für die Rüstungsfabriken her. Andere halfen beim Nähen von Kleidern für die Rote Armee mit oder schnitten Verbände und Bettzeug für die Krankenhäuser zu. Ein Lehrer erklärte dazu: »Vor dem Krieg erzogen wir die Kinder noch ganz anders; wir achteten auf ihre geistige Entwicklung. Aber dieser grausame Krieg zwingt uns dazu, alle Mittel der Nation auszuschöpfen, sogar die Arbeitskraft unserer Kinder.«

Kinder leisteten auch ihren Teil in der Anbauschlacht. So taten sich hundert Kinder eines Moskauer Jugendklubs zu einer Gartenbrigade zusammen, die ihren eigenen Betriebsrat wählte und ein Stück Land zugeteilt erhielt, auf dem sie Gemüse anpflanzte. Junge Mädchen und Burschen halfen freiwillig beim Kriegsfonds mit; Kinder in Sibirien, von denen viele als Flüchtlinge hergekommen waren, stifteten ihr Taschengeld für die Kriegsproduktion. Sie brachten Kopeke um Kopeke zusammen, bis sie 179000 Rubel beieinander hatten, um damit einen Panzer zu kaufen, den die Kinder auf den Namen »Baby« tauften. Trotz allen Gefahren, trotz allen Umwälzungen durch die Evakuierung und den – wenn vielleicht auch nur vorübergehenden – Verlust des Vaters hatte der Krieg auch seine Vorteile. Viele Kinder genossen das Fehlen der elterlichen Aufsicht, das die langen Arbeitsstunden der Mütter und aller anderen Erwachsenen mit sich brachten. Man konnte sich Unternehmungen hingeben, für die man in normalen Zeiten bestraft worden wäre. Im Winter blieben Schnee und Eis auf den Straßen liegen, was oft eine blankgefrorene Oberfläche ergab. Unternehmungslustige Knaben entdeckten, wieviel Spaß es machte, wenn man sich mit Schlittschuhen an den Füßen an einen vorüberfahrenden Bus oder an eine Straßenbahn hängte und sich über die eisigen Straßen schleppen ließ.

Auch die Intelligenzija des Landes beteiligte sich an den allgemeinen Kriegsanstrengungen. Der Schriftsteller Owady Sawitsch, der immer behauptet hatte, die Brötchen »wüchsen auf den Bäumen«, ließ sich von der Schriftstellergewerkschaft dazu überreden, dem Beispiel Tolstois zu folgen und mit dem Spaten in der Hand mitzuarbeiten. Zu Kriegsbeginn ließen sich rund 900 Schriftsteller, unter ihnen so berühmte Männer wie Ehrenburg und Simonow, als Kriegsberichterstatter eintragen. Ehrenburg sollte später berichten, wie er bis zu drei Artikel im Tag schrieb, daneben deutsche Dokumente las und übersetzte und deutsche Radiosendungen abhörte, Übersetzungen bearbeitete und Bildlegenden zu Fotografien vom Geschehen an der Front verfaßte. Hunderte von Wissenschaftern und Autoren meldeten sich in den ersten Tagen als Kriegsfreiwillige und mußten später in den Schützengräben zusammengesucht werden – als sich klar zeigte, daß man sie anderwärts mit größerem Gewinn einsetzen konnte.

Alles in allem haben die riesigen Anstrengungen der Zivilbevölkerung in ihrem täglichen Leben in großem Maß zum endlichen Sieg der Sowjetunion beigetragen.

Schauspieler auf dem Weg zum Frontgastspiel bei der Truppe. Unter den populären Künstlern fand man Lubowa Orlowa, eine sowjetische Grace Fields, ebenso Alexander Wertinski, der nach zwanzig Jahren Exil nach Rußland zurückkehrte und dort im Jahre 1944 mit seinen eskapistischen Liedern ungeheuer populär wurde.

Winter 1941/42. Diese Panzer vom Typ KW I – mit den Initialen von Klementi Woroschilow, dem Volkskommissar für die Verteidigung – sind von der Belegschaft einer Kollektivfarm in der Moskauer Region gestiftet worden.

Es war der erste Tag des ersten Frühlingsmonats im Jahre 1943. Ich erinnere mich so genau, weil ich an diesem Tag die Nachricht erhielt, daß mein Mann im Felde gefallen sei. Ich weinte die ganze Nacht hindurch und erinnerte mich an jeden einzelnen Tag dieses Krieges – an Angst und Schrecken, als feindliche Flugzeuge im November 1942 unser Dorf bombardierten, an die endlosen Tage in den Feldern, als ich von Sonnenaufgang bis -untergang ohne Pause arbeitete. Ich dachte an die vier kleinen Kinder, für die ich jetzt allein sorgen mußte. Aber während ich weinte, strickten meine Hände weiter an den Wollsocken, von denen ich schon unzählige Paare an unsere Soldaten im Feld geschickt hatte. Als der Morgen graute, löschte ich die Kerze aus und trat vor die Türe. Hinter den Bergen kam eben die Sonne hervor. Und plötzlich realisierte ich, daß Sorge und Elend in vielen Familien herrschten und daß wir für unsere Kinder und unsere Nächsten leben mußten, daß wir arbeiten mußten, damit unser Land und unser Volk sich rächen konnten – für all die Väter, Gatten und Brüder, die ihr Leben im Kampf gegen den verfluchten Feind lassen mußten. Früh am Morgen bereitete ich das Frühstück für meine Kinder, band einen schwarzen Schal um den Kopf und ging hinaus aufs Feld, an die Arbeit. Die Leute vom Dorf sahen mich nicht weinen. Es war ein gewöhnlicher Arbeitstag …

Zivilisten strickten während des Kriegs Millionen von Schals und Wollsocken. Meist wurden diese von den Organisationen der Partei oder des Betriebs eingesammelt und an die Soldaten verschickt. Manchmal reiste auch die Abordnung eines großen Betriebs selbst an die Front, um dort die Produkte zu übergeben, die man hergestellt hatte.

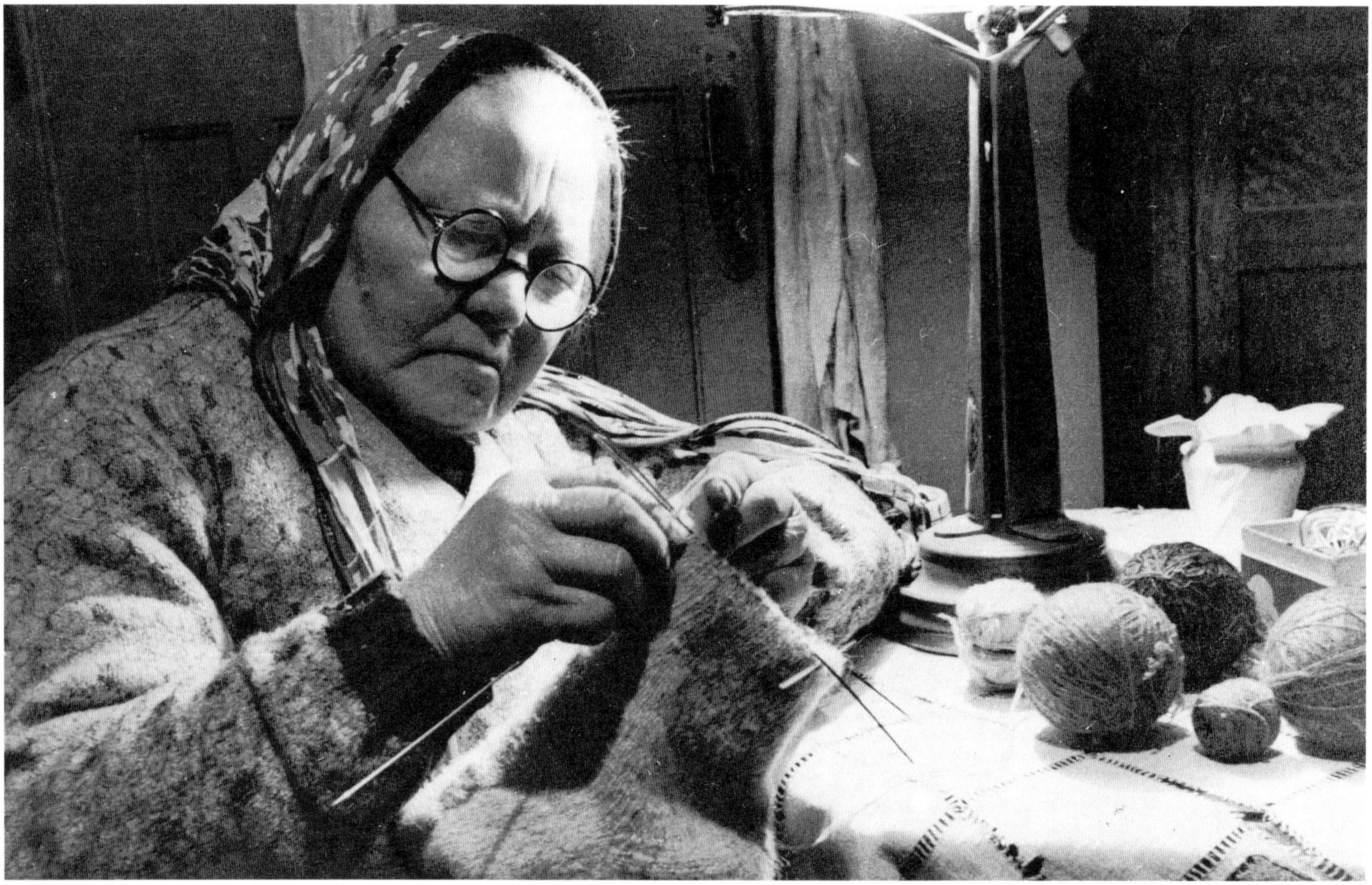

Bauern sammeln Geld für den Verteidigungsfonds.

Objekte aus Silber und Gold, bestimmt für den Verteidigungsfonds.

Granatenverpackung in einer Munitionsfabrik. Wie in vielen anderen kriegführenden Ländern übernahmen auch in Rußland Frauen die Aufgaben der Männer, die an der Front standen. Das gab ihnen das Gefühl, näher bei ihren Gatten zu sein; die Arbeit und die Routine einer Fabrik waren ihnen ohnehin vertraut.

Schweißarbeiten in einer Panzerfabrik der Ukraine. Der Wahlspruch zur Linken besagt: »Produziert mehr Panzer für die Front!« Das Plakat rechts war während der Kriegszeit sehr populär; sein Text lautet: »Soldat der Roten Armee – rette uns!«

Artilleriefabrik in Sibirien: Hier wird das sowjetische Standard-Feldgeschütz, die 76,2-mm-Feldkanone vom Typ ZIS-3, hergestellt. Die Kanone, 1943 erstmals gebaut, hatte eine Reichweite von 13,3 km; ihre Granate wog 6,4 kg. Auf dem Schlachtfeld erwies sie sich als sehr mobil; sie wurde vor allem eingesetzt, um eine Offensive vorzubereiten und zu unterstützen.

Als die Deutschen heranrückten, waren wir im Dorf schon fast mit der Ernte fertig. Alle Männer waren an der Front, und im Dorf fand man nur die Frauen, die alten Leute und die ganz jungen. Auch alle Raupentraktoren hatte man an die Front geholt. So blieben uns nur noch drei alte Traktoren mit Rädern. Wir spannten sie vor die Erntemaschine und mähten von Sonnenaufgang bis Sonnenuntergang. Wenn die Arbeit ins Stocken kam, halfen wir mit Sensen aus. Aber wir brachten den ganzen Weizen ein. Und dann war es Zeit, das Vieh nach Osten zu treiben.

Wir waren fast drei Monate lang unterwegs. Der Herbst war gekommen. Vier unserer Kühe hatten Kälbchen gekriegt, und zwei Frauen hatten ein Kind geboren. Wir führten die Neugeborenen auf unseren Ochsenkarren mit, und bald waren die Kälbchen stark genug, um auf eigenen Beinen zu gehen. Die Kühe mußten gemolken werden, und wenn man zu diesem Zweck haltmachte, zog der Rest weiter. Dann mußte man ihnen hinterherrennen, Milchkessel in der einen Hand, einen Stecken zum Antreiben der Kuh in der anderen. Wenn immer möglich gaben wir die Milch in den Krankenhäusern ab, die an der Straße lagen. Wir selbst ernährten uns mit dem, was wir von zu Hause mitgenommen hatten, und etwas Milch. Das war nicht viel, und wir hatten dauernd Hunger. Aber es kam uns nie in den Sinn, wir könnten ein Kalb schlachten, um zu Fleisch zu kommen …

Am 3. Juli gab der Volkskommissar für die Schwermaschinenindustrie, N.S. Kasakow, den Befehl aus, die »Krasnii Profintern« sei nach Krasnojarsk in Ostsibirien zu evakuieren. Am nächsten Morgen begannen wir mit dem Demontieren der Installationen. Drei Personen brauchten für das Beladen eines Güterwagens weniger als eine Stunde. Am Abend des 6. Juli stand der erste Zug zur Abfahrt bereit. Er bestand aus 34 Güterwaggons, auf denen 334 Arbeiter mitfuhren.

Unsere riesige Fabrik sollte da wieder erstehen, wo jetzt ein Hopfenfeld lag, daneben ein ödes Terrain mit vier Baracken und den Hütten einer Getreideagentur ...

Für die Leute fanden wir Unterkunft im Krasnojarsker Stadtteil Kirow – dies in Schulen oder Gemeinschaftszentren, die zu dieser Zeit stillagen. Aber auch die Einwohner teilten ihre Wohnungen mit den Neuankömmlingen. Manche boten uns ein Zimmer an, andere eine Zimmerecke ...

Alles in allem brauchte es 7550 Güterwagen, um die Fabrik zu evakuieren. Einige davon sandte man nach Gorki, andere nach Swerdlowsk und nach Nischnij Tagil. Aber der Löwenanteil, mehr als sechstausend Güterwagen, ging nach Krasnojarsk.

Tausende von Fabriken wurden während der ersten Kriegswochen in die Regionen östlich des Urals evakuiert. Wie auf dem Bild zu sehen, mußte bei vielen Werken die Arbeit im Freien wiederaufgenommen werden; die Belegschaft arbeitete ohne Rücksicht auf die Wetterbedingungen rund um die Uhr.

Bild rechts: *Ein Eisenbahnzug bringt Panzer von einer Fabrik im Osten an die Front. Über den Bestimmungsort solcher Züge herrschte absolutes Stillschweigen; nicht einmal der Lokführer wußte, wohin er seine Fracht führte.*

Panzerzug, wie er in den ersten Kriegsstadien häufig eingesetzt wurde – dies vor allem bei den Schlachten um Moskau und in der Ukraine. Jeder der mit schweren Stahlplatten geschützten Wagen war mit Maschinengewehren und Panzerabwehrkanonen ausgerüstet. Panzerzüge unterstützten meist die Infanterie und stellten sich manchmal auch erfolgreich feindlichen Panzern in den Weg. Zum Einsatz gekommen waren sie vor allem im Bürgerkrieg, während sie in den vierziger Jahren als veraltet galten und demzufolge nicht ersetzt wurden.

Die Aufschrift auf dem Zug besagt: »Tod den deutschen Eindringlingen!«

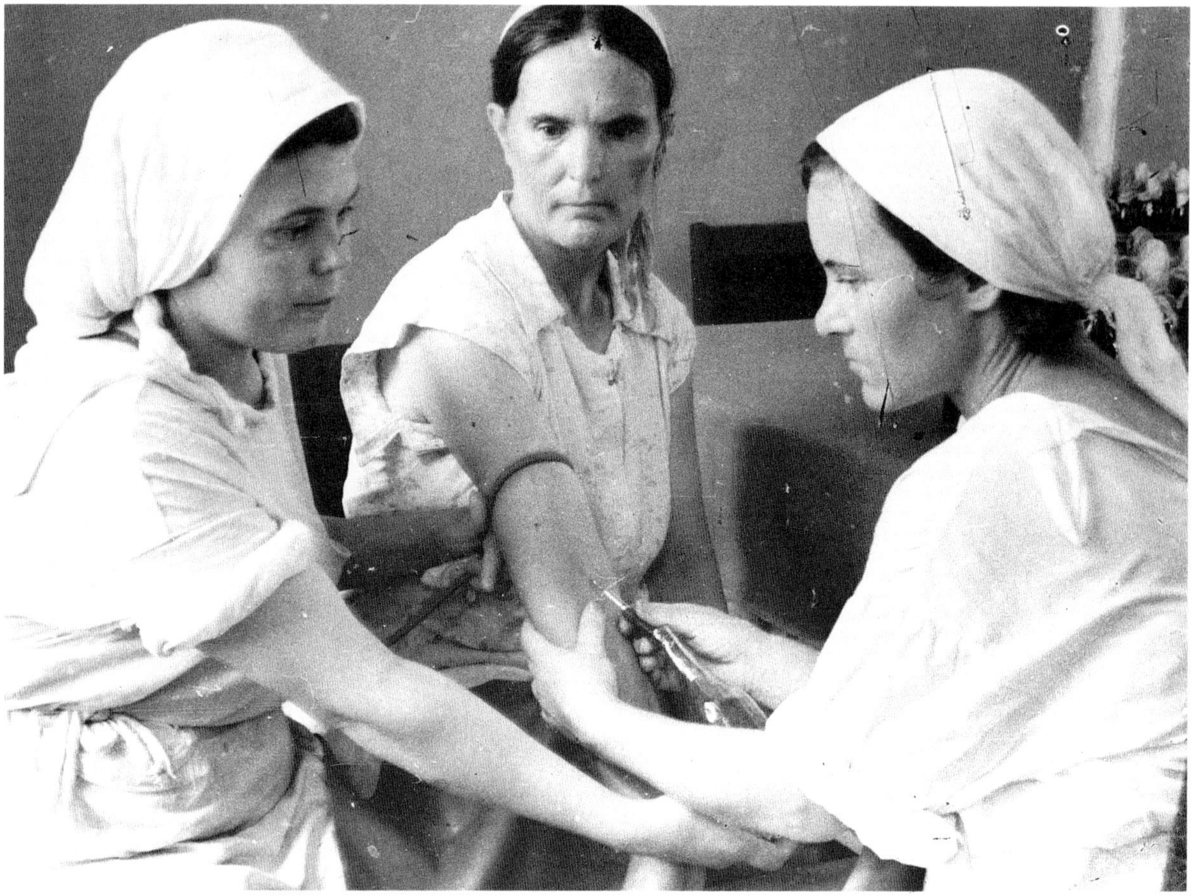

Blutspender in Aschkabad (Turkmenistan).

Verwundete Soldaten bei Freiübungen vor einem Erholungsheim im Kaukasus.

Irgendwo auf dem Land nach dem Abzug der Deutschen. Wenn sich die Nazis zurückzogen, zerstörten sie alles, was sie nicht mitnehmen konnten. Sie schlachteten oder entführten rund 7 Millionen Pferde, 17 Millionen Stück Vieh und 20 Millionen Schweine. Auch alles andere wurde zerstört – Kornfelder und Häuser. Laut einigen Meldungen soll sogar die reiche, fruchtbare Erde der Ukraine nach Deutschland geschafft worden sein.

Der Rock seines Vaters. Das Kind trägt auch einen herkömmlichen Orenburgschal. Dieser besteht aus einer feinen Wollart, die ähnlich wie Kaschmirwolle sehr viel Wärme spendet.

Auf dem Schulweg. Nur wenige Eltern konnten ihre Kinder während des Kriegs zur Schule bringen – die Männer kämpften an der Front, die Frauen arbeiteten in der Fabrik oder auf dem Lande. Da die öffentlichen Transportmittel kaum oder überhaupt nicht verkehrten, mußten viele Kinder den Schulweg zu Fuß zurücklegen.

Viel frische Luft haben die Eleven dieses zerbombten Schulhauses. Alles andere war für Kriegskinder hingegen Mangelware: Schulbücher, Bleistifte, Hefte. Lehrer, Eltern und Kinder bastelten Schulhefte aus allen möglichen Fetzen Papier. Es fehlte natürlich auch an Lehrkräften.

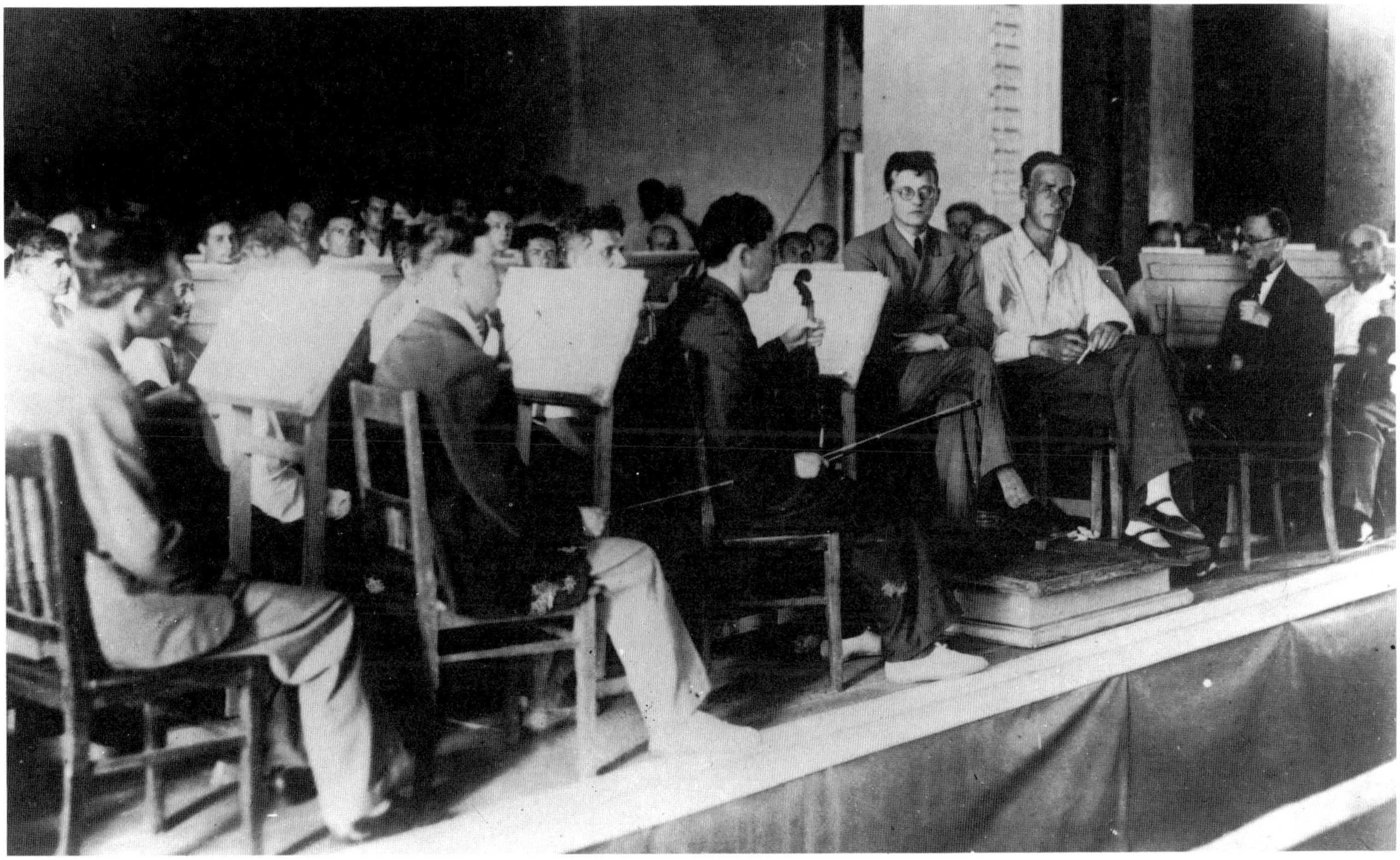

Uraufführung der Leningrader Sinfonie von Schostakowitsch in Nowosibirsk. Auf dem Podium der Komponist und Dirigent Jewgeni Murawinski.

Im Sommer 1941, als Schostakowitsch noch an seiner Sinfonie arbeitete, erzählte er am Radio von diesem Werk:

»Vor einer Stunde habe ich die Partitur von zwei Sätzen eines großen sinfonischen Werks abgeschloßen. Wenn es etwas taugt und wenn ich den dritten und vierten Satz vollenden kann, werde ich das Werk die Siebte Sinfonie nennen. Ich sage all dies, damit diejenigen, die mich jetzt hören, wissen, daß die Lage in der Stadt normal ist. Wir sind alle an unseren Gefechtsstationen.«

Den ersten Satz, der die deutsche Invasion schildert, beschrieb der britische Korrespondent Alexander Werth als »Dokument des Jahres 1941«. Es zeige »das nackte Böse in seiner niederschmetternden, arroganten Unmenschlichkeit, eine schreckenerregende Macht, die Rußland überrennt. Es gibt fast nichts, was man dieser Musik zur Seite stellen kann.«

Schulmädchen in Turkmenistan beim Baumwollpflücken. Der qualitativ beste Teil der Ernte ging in die Produktion von Schießpulver.

Sommer 1942: Eine 37-mm-Flakkanone (Modell 1939) beschützt Bauern beim Einbringen der Ernte vor Luftangriffen – dies in unbesetztem Territorium in Frontnähe.

In den meisten Städten, die von den Deutschen besetzt wurden, brach das Wasserversorgungssystem zusammen. Im Bild ein Zisternenwagen, der den einzelnen Haushalten Wasser bringt. Die Bürger bringen es mit Hilfe von Eimern und Kesseln nach Hause.

Im Oktober 1941, als sich die Kämpfe der Stadt Dombas näherten, machten sich meine Mutter, meine zwei Kinder und ich nach Usbekistan auf. Unser Zug bestand aus klapprigen alten Wagen, und in unserem Abteil drängten sich vier Erwachsene und fünf Kinder. Schon nach dem ersten Bombenangriff hatten wir keine Fensterscheiben mehr. Wir vernagelten die Fenster mit Sperrholzplatten. Unser Zug kam nur langsam voran. Truppen und Versorgungszüge hatten den Vorrang.

Nach und nach entwickelten wir unsere eigenen festen Abläufe. Wenn der Zug anhielt, ging jedermann auf die Suche nach Wasser und Holz. Wir machten Feuer und kochten ab. Fast alle Familien hatten ein paar Ziegelsteine dabei, mit deren Hilfe man einen Topf oder Kessel über das Feuer setzen konnte. Wer gewitzt war, hatte eine Axt mitgebracht. Damit hackte man entlang der Bahnstrecke Holz und nahm davon so viel wie möglich als Vorrat mit. Wenn die Lokomotive pfiff, packten wir hastig, was eben auf dem Feuer stand, und rasten damit zum Zug zurück. Nur allzuoft mußten wir dabei die Ziegelsteine zurücklassen, da sie zu heiß zum Anfassen waren. Aber das störte uns weiter nicht: Die Leute im Zug vor uns hatten ihre Ziegelsteine zurücklassen müssen, und diejenigen, die wir liegen ließen, würden von den Passagieren, die nach uns kamen, gebraucht werden. Die ganze Reise dauerte zwei Monate, und sie kam die Alten und Kranken am härtesten an ...

Frauen im befreiten Gebiet beim Aussäen nach der herkömmlichen Methode. Der gesamte Park an Landwirtschaftsmaschinen wurde zerstört, die Bauernpferde wurden aufgegessen oder während der Kämpfe getötet.

Wir arbeiteten an diesem Tag auf dem Feld. Ich war damals fünfzehn. Im Dorf waren nur ein paar alte Männer und einige Knaben zurückgeblieben, so daß wir Frauen praktisch die gesamte Feldarbeit leisteten.

Als wir gerade unter einer Eiche ausruhten, sahen wir Naskida, den einarmigen Postboten, kommen. Wie jedes Mal durchwühlten wir seine Tasche. Für einige von uns waren Briefe, Telegramme oder Zeitungen darunter. Aber Naskida hielt etwas in der Hand, und als wir ihn danach fragten, sagte er barsch, diese Papiere gingen uns nichts an. Gleichzeitig warf er einen langen, forschenden Blick auf Daro.

Daro war die Mutter von vier Söhnen; drei von ihnen waren bereits gefallen. Und von Wachtang, dem jüngsten, war seit langem kein Brief mehr gekommen. Daro saß weinend zwischen uns, wie meist an diesen Tagen, wenn der Postbote kam. Naskida hielt es offensichtlich nicht länger aus. Er erhob sich, und in seinem Blick sah ich neben Mitgefühl und Verständnis noch etwas anderes …

Heute, vierzig Jahre später, weiß ich, was es war. An seiner Beerdigung, vor gar nicht langer Zeit, erfuhren wir, daß Naskida zu Hause Dutzende von Briefen versteckt hielt, in denen die Familien der Gegend davon benachrichtigt wurden, daß ihre Männer im Feld gefallen waren. Unter ihnen war auch Wachtang, Daros Sohn. Über viele Jahre hinweg hatte Naskida die traurigen Nachrichten in seinem Herzen bewahrt, so daß manch einer Mutter das Warten und Hoffen blieb.

Pflügen ohne Pferdekraft.

Zwei russische Bauern untersuchen eine abgeschossene Messerschmitt Me 109 BF, während im Hintergrund Kühe friedlich weiden. Der Motor des Flugzeugs und andere wichtige Bestandteile sind bereits von den Behörden geborgen worden.

Dieses usbekische Ehepaar namens Schamachmudow hat, da selbst ohne Kinder, zwölf Waisen verschiedener Nationalität adoptiert. Die drei Knaben vorne tragen das Halstuch der sowjetischen Jugendbewegung, der Jungen Pioniere.

Kollektivfarmer in Usbekistan überreichen zwei Schafe zugunsten eines befreiten Dorfes der Ukraine.

Der Dnjepr-Damm, erbaut während des ersten Fünfjahresplans (1929–1935), galt als Symbol des wirtschaftlichen Fortschritts und als Beweis dafür, daß der Sozialismus in Rußland funktionierte. Die Russen zerstörten ihn absichtlich am 28. August 1941 – so die Angaben des sowjetischen Sprechers A. Losowski –, damit er nicht den deutschen Eindringlingen in die Hände fiel. Das Bild zeigt Frauen, die mit dem Wiederaufbau beginnen. Zu Anfang des Jahres 1947 wurde der Staudamm ein zweites Mal eröffnet – ein Triumph des Wiederaufbauprogramms nach dem Krieg.

Viele von uns Arbeitern in der Traktorfabrik von Charkow wollten sich zum Dienst melden, doch die Aushebungsoffiziere sagten immer wieder, wir sollten warten, bis die Reihe an uns sei. Aber das Warten fiel uns schwer. Die Nachrichten von der Front waren jeden Tag düsterer. Jetzt rückte der Feind auf Leningrad vor, jetzt bedrohte er Moskau, jetzt stieß er nach Charkow vor. Das Wort »Evakuierung« lag in der Luft.

Unsere Traktorfabrik war über zehn Jahre hinweg gewachsen. Jetzt sollte sie in ein paar Tagen demontiert und auf Güterwagen verfrachtet werden. Mehrere tausend Waggons, die viele Züge ausmachten, sollten die lange Fahrt ins Altaigebirge antreten …

In der Zwischenzeit stand die Traktorfabrik keinen Tag lang still. Während die Werkzeugmaschinen in den Osten reisten, sammelten die Arbeiter die letzten Werkzeuge und Einzelteile ein und bauten die allerletzten Panzer, die sie gleich selbst bemannten.

Die Züge mit den Bestandteilen von Fabriken erhielten über die ganze Strecke hinweg grünes Licht – ebenso die Truppen- und Versorgungszüge in Richtung Westen. Wenn die Züge ankamen, wurden die Werkzeugmaschinen und andere Installationen im Freien ausgeladen, und die Arbeiter montierten sie zusammen, bevor noch die Werkstätten standen. Bevor noch das Fließband in Charow stillstand, nahm die Traktorfabrik im Altaigebirge den Betrieb auf.

Erzbischof Nikolai stimmt nach der Schlacht von Moskau ein Milebin *an – ein orthodoxes Bitt- und Danksagungsritual.*

Die Arbeiterin einer auf befreitem Territorium wiedererrichteten Munitionsfabrik trägt ein Haarnetz, das verhindern soll, daß sich ihr Haar in der Maschinerie verfängt. Auf offiziellen britischen Plakaten wurden weibliche Arbeiter aufgefordert, die gleichen Haarnetze wie ihre russischen Schwestern zu benützen.

Nächste Doppelseite:
Russische Fabrikarbeiterinnen lesen die »Prawda« vom 13. Juli 1941, deren Frontseite von der Unterzeichnung des anglo-sowjetischen Beistandspakts vom vorhergehenden Tag berichtet. Das Abkommen sah gegenseitige Hilfe und den Verzicht auf einen einseitigen Friedensschluß vor. Für Großbritannien unterzeichnete Sir Stafford Cripps, der britische Botschafter, für die Sowjetunion Außenminister Molotow. Die Fotos der Frontseite zeigen den Unterzeichnungsakt.

Zivilisten waren immer begierig darauf, die letzten Neuigkeiten von der Front zu erfahren.

Bei Kriegsbeginn schrieben sich viele Mädchen unserer Fabrik ein, darunter auch ich. Wir wurden einer Partisaneneinheit, die in Moskau zusammengestellt wurde, zugeteilt und erhielten einen Grundkurs in den speziellen Fähigkeiten, die es für den Guerillakrieg braucht. Dazu lernten wir mit Gewehr, Maschinengewehr und Handgranate umgehen.

In einer Schlacht, in der wir drückend unterlegen waren, wurde ich verwundet. Beide Beine und Hüftknochen waren zerschmettert. Aber ich schaffte es, in ein Wäldchen zu kriechen, wo ich die Nacht halbbetäubt im Schnee liegend verbrachte. Am Morgen fanden mich Partisanen und brachten mich so schonend wie möglich in einem Graben unter. Als ich schließlich nach Moskau gebracht werden konnte, mußte man beide Beine amputieren. Ich war damals gerade zwanzig Jahre alt, und das Leben lag noch vor mir ...

Sobald ich aus dem Krankenhaus entlassen wurde, ging ich in die Fabrik zurück. Es war alles andere als leicht, mit meinen Beinprothesen eine ganze Schicht durchzustehen, aber der Gedanke, daß es an der Front nicht leichter war, gab mir Durchhaltekraft.

Diese Frauen kamen nach Stalingrad, um hier beim Wiederaufbau der Stadt zu helfen. Sie wurden vorübergehend in diesem abgestürzten Junkers-Transportflugzeug, einer dreimotorigen Ju 52, untergebracht.

Der Wiederaufbau der Stadt begann im Sommer 1943. Es wäre einfacher und billiger gewesen, anderswo eine neue Stadt zu bauen, aber der Bürgerstolz verlangte, daß Stalingrad an seinem alten Standort wiedererstehen müsse.

Frauen beim Hausbau nach der Schlacht von Stalingrad.

Bild links: *Frauen bei Aufräumarbeiten in den verwüsteten befreiten Gebieten.*

Die Belagerung von Leningrad

Der Newskiprospekt nach der Bombardierung von Leningrad.

In den ersten Tagen nach dem Beginn des Angriffs auf die Sowjetunion richtete sich Hitlers Aufmerksamkeit auf Leningrad. Er sah die Stadt Lenins, die gerne als »Wiege der großen Oktoberrevolution« bezeichnet wurde, als Symbol des Kommunismus und war fest entschlossen, sie dem Erdboden gleichzumachen, sie für immer auszuradieren.

In den ersten Tagen nach Kriegsausbruch meldeten sich viele Bürger der Stadt als Freiwillige. Aber der rasche Vorstoß der deutschen Panzerdivisionen machte bald deutlich, daß ihre Hauptaufgabe die Verteidigung der Stadt sein würde. Am 27. Juni gab das Exekutivkomitee des Stadtsowjets einen Befehl heraus, demzufolge sich jedermann an den Verteidigungsarbeiten zu beteiligen hatte. Nur ältere Leute, die in kriegswichtigen Firmen Beschäftigten sowie Kranke und schwangere Frauen oder Frauen, die kleine Kinder zu betreuen hatten, waren von diesem Befehl ausgenommen. Wer arbeitslos war, wurde während acht Stunden pro Tag eingesetzt. Arbeiter und Studenten hatten nach Arbeitsschluß drei Stunden täglich mitzuhelfen. Nach einer siebentägigen Arbeitsperiode schaltete man eine Ruhepause von vier Tagen ein.

Mit dem Fall von Pskow am 8. Juli verschlimmerten sich die Aussichten für Leningrad. Jetzt gönnte man den Arbeitern nach sieben Arbeitstagen nur noch einen Ruhetag; wer außerhalb der Stadtgrenze eingesetzt wurde, hatte alle zwei Wochen Anrecht auf zwei Freitage.

Der Vormarsch der Deutschen ging weiter. Zwar hielten sie sich nicht an Hitlers Marschtabelle, die den Fall Leningrads für den Juli vorgesehen hatte. Aber im September erreichte die Wehrmacht die Vororte der Stadt. Je näher sie dem Zentrum rückten, desto heftiger wurde der Widerstand, dem sie begegneten. Trotzdem drängten sie unerbittlich weiter.

Anfang September befanden sich die Deutschen nur noch zwischen zwanzig und dreißig Kilometer von der Stadt entfernt, aber jeder weitere Vormarsch erwies sich als unglaublich schwierig. Am 8. September eroberten sie Schlüsselburg am Ufer des Ladoga-Sees, östlich von Leningrad gelegen. Mit Hilfe der finnischen Truppen im Norden hatten die Deutschen die Stadt jetzt eingeschlossen. Statt sich auf blutige und verlustreiche Straßenkämpfe einzulassen, beschloß Hitler, die Stadt zu belagern, sie auszuhungern und mit Artilleriebombardementen vollends in die Knie zu zwingen.

In Oranienbaum, rund zwanzig Kilometer von Leningrad entfernt, hielt sich die sowjetische Achte Armee bis zum Januar 1944. Aber es gelang ihr nie, den deutschen Belagerungsring zu durchbrechen und die Stadt zu entsetzen. Die Bevölkerung von Leningrad kehrte alles vor, um die Stadt zu retten. Mit zwölf- und sechzehnstündigem Einsatz pro Tag hob sie Panzergräben in einer Gesamtlänge von 626 Kilometern aus, errichtete sie 50 000 Betonsperrblöcke, 626 Kilometer Stacheldrahtsperren sowie 15 000 Schützenlöcher und 22 000 Maschinengewehrstellungen. Jede Straßenecke wurde als Verteidigungsstellung ausgebaut und mit einem Maschinengewehrschützen bemannt. Die Stadt stellte insgesamt zehn Freiwilligendivisionen, und 300 000 Bürger traten der Volksmiliz bei, die als *Opolchenie* populär wurde.

Unter den etwa drei Millionen Eingeschlossenen zählte man außer der Volksmiliz rund 200 000 Soldaten, die jedoch nur über beschränkte Waffen- und Munitionsvorräte verfügten. Vor dem Krieg hatte Leningrad praktisch alle Nahrungsmittel und fast alles Holz von außerhalb der Stadt bezogen, ebenso hatte man Kohle, Öl, Eisen und Stahl importiert. Die Stadtregion selbst lieferte nur etwas Gemüse, Torf und Brennholz. Es war offensichtlich, daß die Stadt nicht auf längere Zeit hinaus überleben konnte. Die ganze Welt wartete hilflos auf die Einnahme Leningrads.

Die Nahrungs- und Brennstoffvorräte schrumpften schnell. Vom 1. September an erhielten die Arbeiter 600, die Angestellten 400 Gramm Brot pro Tag, ihre Angehörigen, darunter die Kinder, 300 Gramm. Nach den Berechnungen der Behörden reichten die vorhandenen Lebensmittel kaum bis Ende des Monats. In der Nacht auf den 8. September trafen Brandbomben die Badajew-Lager, die bis zu den Grundmauern niederbrannten. In den ersten Meldungen wurden die Lebensmittelmengen, die dabei zerstört wurden, stark übertrieben. Insgesamt gingen wahrscheinlich etwa 3000 Tonnen Mehl und 2500 Tonnen Zucker verloren, wobei erst noch ein Teil der Zuckervorräte gerettet und zu Süßigkeiten verarbeitet wurde. Trotzdem muß es für die vom Hungertod Bedrohten niederschmetternd gewesen sein, die vom süßlichen Geruch brennenden Zuckers und Weizens geschwängerte Luft einzuatmen. Am 10. September setzte man die Rationen herab: 500 Gramm für Arbeiter, 300 Gramm für Angestellte und 250 Gramm für die Angehörigen. Am 11. September mußte der elektrische Strom zum ersten Mal rationiert werden. Ab diesem Datum durften die meisten Bürger nur noch für wenige Stunden täglich Strom beziehen, und dies erst noch zu ungünstig gelegenen Tageszeiten wie spät nachts oder am Nachmittag, wenn jedermann arbeitete. Alle unnötigen privaten Telefonanschlüsse hatte man bereits suspendiert.

Anfang September fielen die ersten feindlichen Granaten auf die Straßen. Obwohl die Bürger der Stadt gewußt hatten, daß sich die Deutschen näherten, hatten sie nicht realisiert, daß der Feind nahe genug war, um die Stadt zu beschießen. Wenig später setzten die ersten Luftangriffe ein. Die Bewohner mußten mit der steten Gefahr und dem Heulen der Alarmsirenen leben lernen. Aber obwohl jetzt auch ein bissiger, feuchter Winter einsetzte und Hunger wie Bombardierung ihre Opfer forderten, ging das Leben in der Stadt in überraschender Alltäglichkeit seinen Gang. In Schulen, Fabriken und Bibliotheken arbeitete man weiter, die Konzertsäle und Kinos blieben geöffnet. Leningrad hatte schon immer eine große Zahl aktiver Parteimitglieder aufgewiesen. Vor dem Krieg hatten 15 Prozent der Bevölkerung entweder der Partei selbst oder dann dem Komsomol oder der Jungen Kommunistischen Liga angehört. In jahrelanger Agitation geschulte Parteimitglieder statteten bei allen Organisationen Besuche ab, zeigten der Bevölkerung, wie man mit den schwierigen Bedingungen am besten fertig wurde, und hielten – offensichtlich mit Erfolg – die öffentliche Moral aufrecht.

Wiederholt waren Versuche, die deutsche Blockade zu durchbrechen, fehlgeschlagen. Ab Oktober war

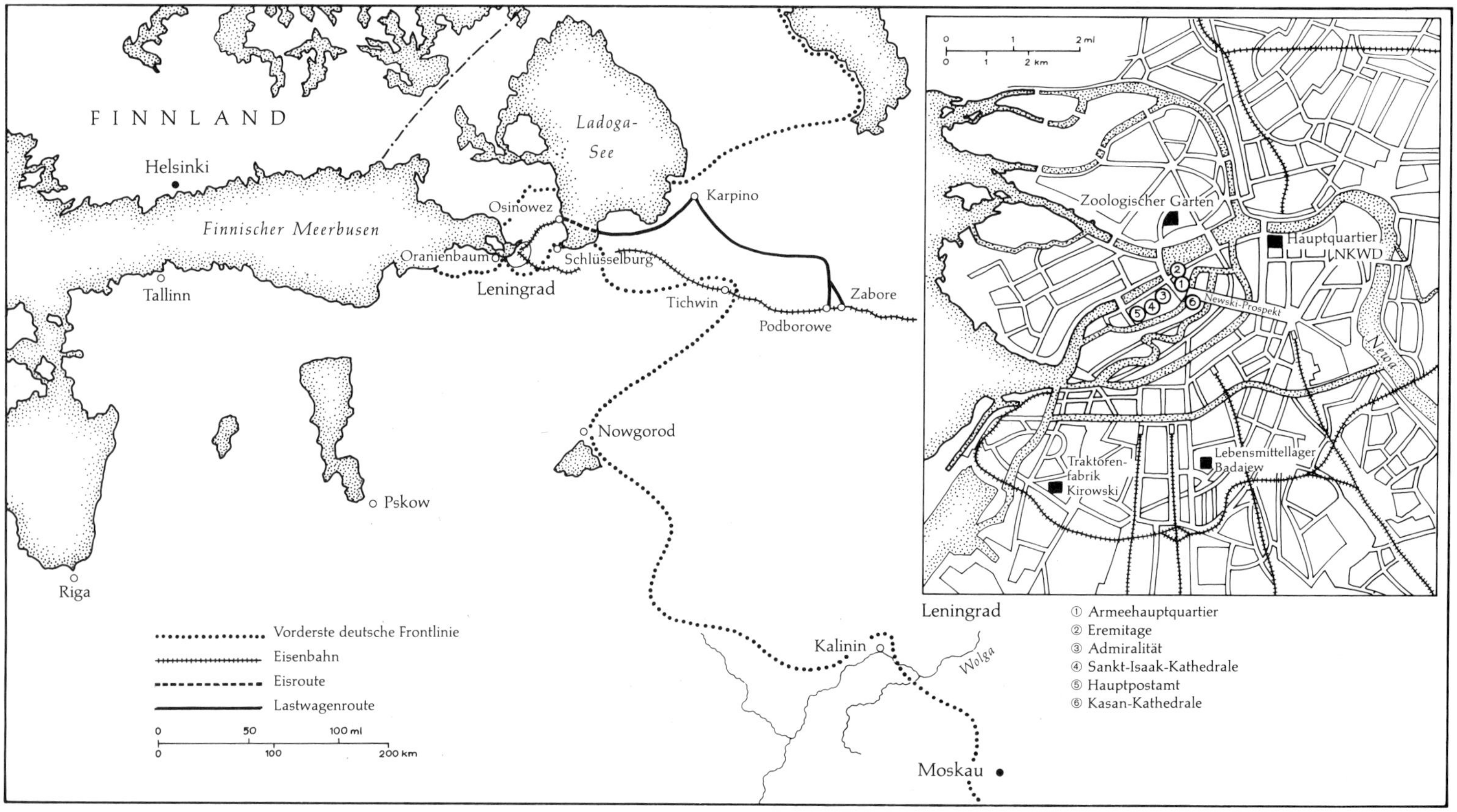

Die Belagerung von Leningrad. Rechts Stadtplan.

Am 9. November 1941 war die Einschließung Leningrads Tatsache geworden. Die Stadt hatte Mehlvorräte für 24, Zucker für 22 und Fleisch für 9 Tage. An diesem Abend spielte das Radiosinfonieorchester unter Leitung von Dirigent Eliasberg Beethovens Neunte Sinfonie in der Philharmonie. Der Dirigent erzählte später von diesem Konzert, das nach London übertragen wurde:

»Das Konzert war auf den Abend angesetzt. An diesem Tag wurde elf- oder zwölfmal Luftalarm gegeben. Die nationalen Sendungen wurden bei Luftalarm unterbrochen, nicht aber die internationalen. Die Musiker, die nicht schon geraume Zeit vor Konzertbeginn eingetroffen waren, mußten sich unter Lebensgefahr bis zu uns durchschlagen.

Das Konzert begann pünktlich. Wir spielten die ersten zwei Sätze, ohne unterbrochen zu werden. Als der dritte Satz begann, hörten wir das Heulen der Sirenen, fast unmittelbar darauf das Fallen von Bomben in der Nähe und das Krachen der Flak. Das ganze Gebäude bebte. Zu dieser Begleitung spielte das Orchester die Sinfonie zu Ende. Dann verabschiedete sich der Ansager und wünschte unseren Hörern in England eine gute Nacht.«

auch Moskau in Gefahr. Die Bürger Leningrads wußten: Wenn die Hauptstadt fiel, gab es für sie nur noch wenig Hoffnung. Einen Monat später eroberten die Deutschen Tichwin. Damit rückte für sie die angestrebte Kontrolle über das Ostufer des Ladoga-Sees näher. Bis jetzt war der größte Teil des Nachschubs, der die eingeschlossene Stadt erreichte, per Schiff über diesen See gekommen. Wenn die Deutschen hier das Heft in die Hand bekamen, würde sich Leningrad nicht mehr viel länger halten können. Ohnehin begann der See bereits zuzufrieren, und immer weniger Schiffe schafften es, durchzukommen. Einige Lebensmittel gelangten auch auf dem Luftweg in die Stadt, aber die sowjetische Luftwaffe verfügte einfach nicht über genügend Flugzeuge, um eine regelrechte Luftbrücke einzurichten. Am 12. November mußten das Radio und die Zeitungen folgende Warnung veröffentlichen: »Die Bürger von Leningrad hatten in den Monaten der Belagerung schwer zu leiden, aber es kommen noch schwerere Prüfungen und noch größere Entbehrungen auf sie zu. Jetzt heißt es, sich darauf zu rüsten und der Wahrheit nüchtern ins Gesicht zu schauen.«

Vom 20. November an bekamen die Arbeiter nur noch 250 Gramm Brot im Tag, alle anderen bloß noch 125 Gramm. Es gab praktisch keine anderen Lebensmittel mehr. Das Leningrader Brot von Ende 1941 bestand aus 10 Prozent Zellulose, die ursprünglich für die Papierproduktion bestimmt gewesen war, aus 10 Prozent Ölkuchen aus Baumwollsamen (eigentlich als Brennstoff für Schiffsfeuerungen gedacht), weiter aus 2 Prozent Spreu und ebensoviel Mehlrückständen, 3 Prozent Maismehl und 73 Prozent Roggenmehl. Man raffinierte Industrieöl, um es für Menschen genießbar zu machen, und in den Brauereien demontierte man die Bodenbretter, um verlorengegangenes Malz zurückzugewinnen.

Zu diesem Zeitpunkt wurde die Stadt durchschnittlich während neun Stunden im Tag beschossen oder bombardiert. Das hielt ihre Bürger nicht von der Suche nach Nahrung ab. In der Hoffnung auf Eßbares sollen einzelne Eingeschlossene alte Gürtel weichgekocht haben; andere versuchten, ob man Leim essen könne. Eine Katze oder ein Hund kosteten auf dem Schwarzmarkt ein rundes Monatsgehalt. Das Geld verlor allen herkömmlichen Wert; Nahrung war das einzige, was zählte. Aber wenn sich für den Winter keine Versorgungsmöglichkeit finden ließ, konnte die Stadt selbst auf diesem Niveau der Verzweiflung nicht weiterexistieren.

Die Pläne zur Errichtung einer rettenden Route über das Eis des Ladoga-Sees werden allgemein Andrei Schdanow, dem Vorsitzenden des Exekutivkomitees des Stadtsowjets und militärischen Sonderbeauftragten Stalins, zugeschrieben. Die Experten, die Schdanow befragte, meldeten, ab Mitte Dezember werde die Eisdecke stark genug sein, um Lastwagen zu tragen. So lange konnte Leningrad aber nicht aushalten. Bereits am 18. November schickte man also einen Spähtrupp los, der die dreißig Kilometer quer über den See zu

Deutsche Maschinengewehrmannschaft in den Gräben außerhalb von Leningrad.

Fuß zurücklegen sollte. Die Späher hatten Erfolg, und am nächsten Tag begann man mit dem Bau der Eisstraße. Nach Schdanows Schätzungen würde man bei vollem Einsatz aller Beteiligten etwa fünfzehn Tage brauchen, um die Eisstraße und einen Pfad von 352 Kilometer Länge zu bauen, der das Ostufer des Ladoga-Sees mit der nächstgelegenen Bahnstation in sowjetischer Hand verband. Diese Piste führte durch eine Wildnis von Sümpfen und Wäldern.

Am 20. November überquerten die ersten pferdegezogenen Schlitten das Eis. Die Piste durch die Wälder war noch nicht fertiggebaut, so daß sich die Schlittenführer auf eigene Faust zur Bahnstation durchschlagen mußten. Manche Pferde hatte der Hunger so geschwächt, daß sie die Anstrengung nicht überstanden. Die Schlittenführer schlachteten sie auf der Stelle, zerlegten sie und sandten das Fleisch in die Stadt zurück.

Am 22. November wagten sich die ersten Lastwagen auf das Eis. Einige brachen durch, aber am nächsten Tag brachten die Überlebenden 33 Tonnen Lebensmittel mit. Am folgenden Tag kamen nur noch 19 Tonnen an. Aber die Eröffnung der Eisroute gab den Eingeschlossenen neue Hoffnung.

Ein weiterer Hoffnungsstrahl kam mit der Rückeroberung von Tichwin – dies wenige Tage nach der erfolgreichen Gegenoffensive vor Moskau. Die Versorgungsroute verkürzte sich dadurch beträchtlich. Am 22. Dezember kamen 700 Tonnen mit Vorräten über das Eis. Die Deutschen bombardierten und beschossen die Piste ohne Unterbruch. Manche Fahrer kamen im Schneesturm von der Spur ab; Lastwagen gerieten in Löcher, die die Bomben in die Eisdecke gerissen hatten. Zum Beladen der Lastwagen, zum Regeln des Verkehrs, zum Überbrücken der Löcher und zur Kontrolle der Eisdecke mußten eine große Menge Arbeitskräfte abkommandiert werden. Und trotz all dieser Anstrengungen starben in Leningrad immer noch Eingeschlossene vor Hunger und Kälte.

Aber am 25. Dezember stieg die Brotration plötzlich an: Die Arbeiter erhielten 350 statt 250 Gramm, alle anderen 200 statt wie bisher 125 Gramm. Diese Extraration hob die Moral der Bevölkerung spürbar. Wildfremde Leute gratulierten sich gegenseitig und diskutierten voller Enthusiasmus über die Aussichten auf weitere Erhöhungen. Zwei Aufstockungen in den folgenden Wochen führten dazu, daß bis Ende Februar die Lebensmittelzuteilung wieder beinahe auf dem Stand vom Beginn der Belagerung angekommen war.

Trotzdem gingen die ersten zwei Monate des Jahres 1941 als schlimmste Kriegsperiode in die Annalen von Leningrad ein. Allein im Januar und Februar starben 200000 Eingeschlossene vor Hunger und Kälte – viele von ihnen in den Straßen oder an ihrem Arbeitsplatz in der Fabrik. Man fand ganze Familien auf, die in ihren eiskalten Wohnungen gemeinsam den Strapazen erlegen waren. Oft hatten die überlebenden Angehörigen die Kraft nicht mehr, ihre Toten zum Friedhof zu bringen. Freunde, die sich zufällig auf der Straße trafen, sagten sich für immer Lebewohl – man wußte nie, ob man morgen oder in einer Woche noch am Leben sein würde. Und trotzdem gab man sich Mühe, das Leben in den gewohnten Bahnen weiterzuführen. Im Januar zog man ein Schriftstellertreffen durch, obwohl die Teilnehmer ihre Stühle verheizen mußten, um halbwegs warm zu kriegen.

Wasser- und Abwasserleitungen froren ein. Strom fehlte fast vollständig, und das öffentliche Lautsprechersystem brach immer wieder zusammen. Die öffentlichen Verkehrsmittel hatten den Betrieb schon längst eingestellt. Die Helfer von Komsomol und Rotem Kreuz versuchten, die am meisten Bedürftigen aufzuspüten und ihnen beizustehen. Aber die Kälte mit ihren verheerenden Auswirkungen blieb meist Sieger. Im Januar begannen die Behörden damit, diejenigen Bürger über die Eisroute zu evakuieren, deren Anwesenheit für die Verteidigung Leningrads nicht wichtig war. Viele weigerten sich zu gehen. Manche fürchteten sich vor den Gefahren der Eisroute und vor der deutschen Artillerie, andere wollten ganz einfach in der Stadt ausharren.

Für die Zurückgebliebenen wurde das Leben ein bißchen leichter, nachdem die Versorgung über die Eisroute zunehmend besser klappte und die Anzahl von Hungernden, die es zu füttern galt, sank. Aber bereits fürchtete man sich vor den Problemen, die sich mit der Eisschmelze stellen würden. Am 15. April – am Tag, an dem der letzte Lastwagen über die Eisdecke rumpelte – starben 3000 Eingeschlossene in Leningrad. Aber am gleichen Tag brachen manche Passanten in Freudentränen oder Jubelrufe aus: Ein Straßenbahnwagen ratterte durch die Straßen der Stadt. Eingeschleuster Brennstoff und in Stadtnähe gestochener Torf hatten die Elektrizitätsproduktion ansteigen lassen. Zwar gab es für die Zivilbevölkerung immer noch keinen Strom, aber für die Industrie und die öffentlichen Verkehrsmittel stand eine beschränkte Menge zur Verfügung. Das Tauwetter brachte nicht nur angenehme Überraschungen. Manche bisher eingefrorenen Wasser- und Abwasserleitungen barsten. Unter dem schmelzenden Schnee kamen faulende Kehrichthaufen zum Vorschein. In den Trümmern fand man Leichen, die seit Wochen im Freien gelegen hatten. Die bestehende Bevölkerung wurde trotz allgemeiner Schwächung zur Räumung der Straßen abkommandiert. Mit der Schließung der Eisroute sanken die Tagesrationen vorübergehend, aber sobald die Schiffe verkehren konnten, stieg sie wieder auf das frühere Niveau.

Im Frühling organisierte der Stadtsowjet eine allgemeine Anbauschlacht. Familien, Schulen, Fabriken und Büros bekamen eine Kopie des »Gartenhandbuchs für die Belagerung« zugeteilt, ebenso Saatgut und Anbauflächen. Aber die Kampagne erreicht das gesteckte Ziel nur knapp. Es standen nicht genug Gartengeräte zur Verfügung, und es fehlte an Wasser. Immerhin stellten die Gemüseerträge in den letzten Monaten des Jahres 1942 eine wesentliche Bereicherung für den Speisezettel der Eingeschlossenen dar – auch wenn diese nur allzuoft Geschoßsplitter aus dem selbstgezüchteten Kohlkopf lesen mußten.

Im Mai überquerten frische Truppen den Ladoga-See, um die erschöpfte Garnison zu verstärken. Gleichzeitig erklärte das Oberkommando Leningrad zur befestigten Stadt. Man evakuierte weitere Zivilisten und baute neue Verteidigungsstellungen inner- und außerhalb der Stadt. Zwar ging die Beschießung während des ganzen Jahres weiter, aber die neuen Befestigungen wurden nie auf die Probe gestellt, da kein größerer Angriff auf Leningrad mehr stattfand.

Der Winter 1942/43 brachte die Schreckensbilder des Vorjahres nicht mehr zurück. Dieses Mal lagerte man bereits während des Sommers ausreichende Brennstoffvorräte – zum Teil, indem man unbewohnte Holzhäuser systematisch niederriß. Ebenso traf man alle erdenklichen Vorkehrungen, um die Gebäude gegen die Kälte zu isolieren. Man vernagelte die Fenster mit Brettern und hüllte die Wasserleitungen mit Zeitungen ein. Die Bewohner der oberen Stockwerke von Mietshäusern wurden aufgefordert, in die leeren Wohnungen der ersten drei Etagen zu ziehen.

Am 18. Januar 1943 kämpfte die Rote Armee einen engen Korridor frei, der Leningrad mit dem unbesetzten Teil des Landes verband. Mit Jubelrufen begrüßte die Bevölkerung am 7. Februar die Ankunft des ersten Eisenbahnzuges. Man glaubte, die Belagerung sei vorüber. Aber die Deutschen hielten immer noch einen Großteil der Stadt umschlossen und setzten den Artilleriebeschuß mit unverminderter Wucht fort. Erst am 27. Januar 1944 war es soweit: Auf der ganzen Leningrader Front mußte sich der Feind zurückziehen. Während 900 Tagen hatte die Stadt der Beschießung durch die Nazis widerstanden. Wie viele Todesopfer die Belagerung kostete, bleibt ungewiß, aber zuverlässige Schätzungen sprechen von einer Million Menschenleben ...

Flugzeuge vom Typ MIG 3 auf Patrouillenflug über Leningrad. Im Vordergrund der Turm der Peter-und-Pauls-Festung.

Bild rechts:
Museumsangestellte auf dem Dach der Eremitage bei der Feuerwache.

»Bürger! Unter Artilleriefeuer ist dies die gefährliche Straßenseite!« warnt die Aufschrift auf dieser Hausmauer am Platz vor dem Winterpalast. Die Säule zur Erinnerung an Alexander Andriski ist eingerüstet, so daß sie vor der Beschießung geschützt ist.

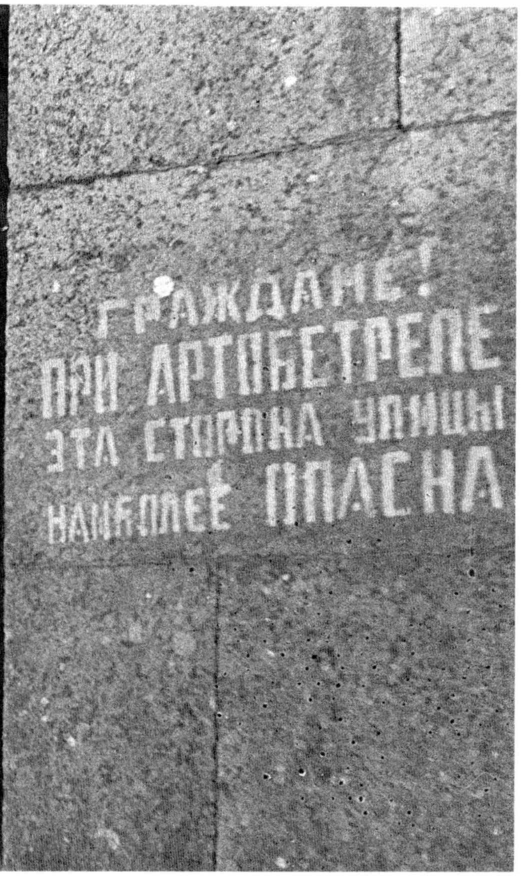

In der öffentlichen Bibliothek von Leningrad. Hinter dem Leser, der sich im ungeheizten Saal mit Hut und schwerem Mantel etwas Wärme verschafft, besagt eine Inschrift: »Bitte um Ruhe!« Dabei fiel nach einer Schätzung alle drei Minuten eine Bombe oder eine Granate auf die Stadt.

Der Newskiprospekt unter Beschuß.

Zusammengebündelte Maxim-Maschinengewehre, zur Fliegerabwehr eingesetzt, verfeuern während eines nächtlichen Luftangriffs auf Leningrad Leuchtspurmunition.

Das Eremitage-Museum hat unter dem deutschen Beschuß erheblich gelitten. Sowohl in Leningrad wie in anderen Teilen Rußlands zeigten die Besetzer wenig Respekt vor der architektonischen Pracht aus Rußlands Vergangenheit. So wurde Zarskoe Selo, ein Zarenpalast südlich der Stadt, von den sich zurückziehenden Deutschen zerstört.

Frauen stehen Schlange für ihre tägliche Brotration. Diese betrug im Dezember 1941 250 Gramm für Arbeiter und 125 Gramm für Büroangestellte, Angehörige und Kinder. Oft konnten selbst diese mageren Rationen nicht ausgeteilt werden. In Moskau, wo die Tagesration doppelt so hoch war, betrug der Schwarzmarktpreis für einen Laib Brot etwa die Hälfte eines Monatsgehalts.

Bild links: *Brot wird in ein Ladengeschäft geliefert. Dieses Bild entstand offensichtlich im ersten Belagerungswinter – später wären die Pferde, die den Lieferwagen ziehen, bereits aufgegessen worden.*

Als Brennstoff brauchten die Bäckereien von Leningrad das Holz zerbombter Häuser. In den Vororten der Stadt gab es sehr viele Holzhäuser. Als die Wasserzufuhr nicht mehr funktionierte, bildeten 8000 Mitglieder der Jungen Kommunistischen Liga eine Kette und reichten in Kesseln das Wasser von der Newa bis zur Bäckerei weiter.

»Mama! Wir kommen jeden Tag um zehn Uhr mit Papa hierher und warten auf dich. Slawa«: Aufschrift auf der Wand eines zerbombten Wohnhauses.

Es gab in den meisten Munitionsfabriken keinerlei Heizung; die Decke dieser Fabrik wurde durch eine Explosion weggerissen. Viele Arbeiter schliefen auch gleich in der Fabrik, um sich den weiten Weg zu sparen, der sie in eine ebenfalls eiskalte Wohnung gebracht hätte.

Ein Fabrikarbeiter, Mitglied einer zivilen Abwehreinheit. Die Arbeiter der Ischorski-Werke in der Leningrader Vorstadt bildeten eine solche Einheit; es gelang ihnen, ihre Fabrik gegen die Deutschen zu verteidigen. Die Wand hinter dem Arbeiter zeigt die Spuren des Kampfes.

Bild links: *Während der Belagerung gab es in ganz Leningrad kein fließendes Wasser. Es fehlte an Brennstoff, um die Pumpen zu betreiben, dazu waren die Leitungen gefroren. Die Bevölkerung mußte das Wasser also vom Fluß Newa holen, wobei man oft eine mehrere Fuß dicke Eisschicht aufbrechen mußte. Auch wenn man das Wasser mit einer achtfach gelegten Gazeschicht gesiebt hatte, schmeckte es immer noch schrecklich. Mütter mit Säuglingen verlangten verzweifelt nach Wasser und sammelten manchmal Eis, um Kleider oder Windeln zu waschen, um sich so den Weg zum Fluß zu ersparen. Aber auch dies war ein schwieriges Unterfangen, da es an Brennstoff zum Auftauen des Eises fehlte.*

Die Kirowski-Traktorfabrik wurde während des Krieges in eine Panzerfabrik verwandelt, die neue Panzer herstellte und die beschädigten reparierte.

Bild rechts: *Mechaniker fahren eben fertiggestellte Panzer vom Typ T-34 über den Newskiprospekt an die Front, die kaum zwei Kilometer von der Fabrik entfernt liegt. Bis im Winter 1941 konnten Bürger die Front gar mit der Straßenbahn erreichen. Der Trambetrieb wurde nach langer Unterbrechung im Sommer 1943 wiederaufgenommen – dies nachdem man ein Stromkabel auf dem Grund des Ladoga-Sees verlegt hatte.*

Dreizehn- bis vierzehnjährige Burschen stellen in einer Munitionsfabrik großkalibrige Granaten zusammen.

Die letzten Seiten aus dem Tagebuch von Anja Sawitschewa, einem kleinen Mädchen, das die Belagerung von Leningrad mitmachte: »Schenja starb am 28. Dezember um 12.00 Uhr, 1941. Omi starb am 25. Januar um 3 Uhr nachmittags, 1942. Leka starb am 17. März um 5 Uhr morgens, 1942. Onkel Wasja starb am 13. April um 2 Uhr nachts, 1942. Onkel Ljoscha am 10. Mai um 4 Uhr nachmittags, 1942. Mama 13. Mai um 7.30 morgens, 1942. Die Sawitschews sind tot. Alle tot.«

Während der Belagerung starben 900 000 Bürger – ein Drittel der Bevölkerungszahl vor dem Krieg. Die meisten starben vor Hunger. Um den Magen zu füllen, griff man zu den verzweifeltsten Mitteln: Man fing Krähen oder Raben, jagte Katzen oder Hunde, die irgendwie noch überlebt hatten, man durchforschte den Medikamentenschrank auf der Suche nach Biberöl, Haaröl, Vaseline oder Glyzerin; mit Zimmermannsleim wurde Suppe gekocht.

November 1941

Wenn eine kärgliche Lieferung in der belagerten Stadt eintraf, stürzten sich die Leute in die Läden, um alles aufzukaufen, was als Nahrung dienen konnte. Pfeffer, Askorbinsäure, Pulver für Kwass, eine russische Limonade, Ingwer, Vanillepulver – all diese Gewürze und viele andere Dinge verschwanden in Windeseile vom Ladentisch.

In einer Apotheke sah ich eine Warteschlange, die für Tabletten gegen Mundgeruch anstand. Erstaunt fragte ich, wofür die Leute die Tabletten brauchten. Man sagte mir, sie schmeckten süß … Auch süße Hustenbonbons oder süßer Sirup, Baldriantropfen, Öl aus Pfirsichsteinen und Algen, die man den Arteriosklerosepatienten empfahl, finden Verwendung, um Borschtsch zuzubereiten. Nein: *fanden* Verwendung. All dies gehört der Vergangenheit an. Jetzt sind die Apotheken leer.

Obwohl die Bürger Leningrads schlecht ernährt waren, folgten sie den Aufrufen zum Blutspenden.

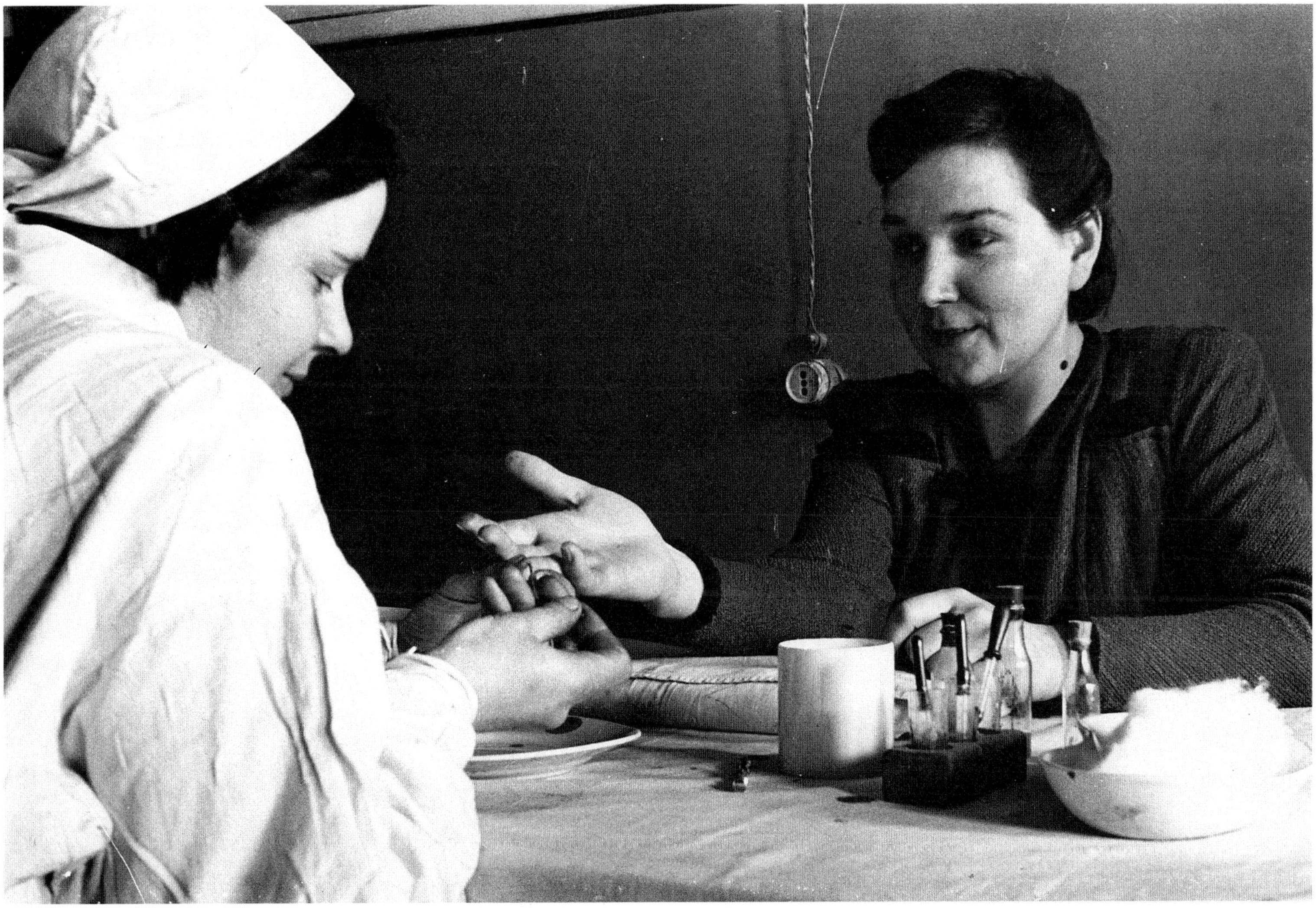

Die eisigen Straßen Leningrads waren höchst gefährlich. Niemand fand Zeit oder Energie, die Gehsteige vom Eis zu befreien. Hinzu kam die stete Gefahr einer Artilleriebeschießung durch die Deutschen – dies vor allem im modernen Stadtteil im Süden.

Durchaus kein ungewöhnlicher Anblick während der Belagerung: Die Leute fallen auf der Straße tot um. Auch Bürger, die sich zum Ausruhen niedersetzten, erfroren in ihrem geschwächten Zustand bald.

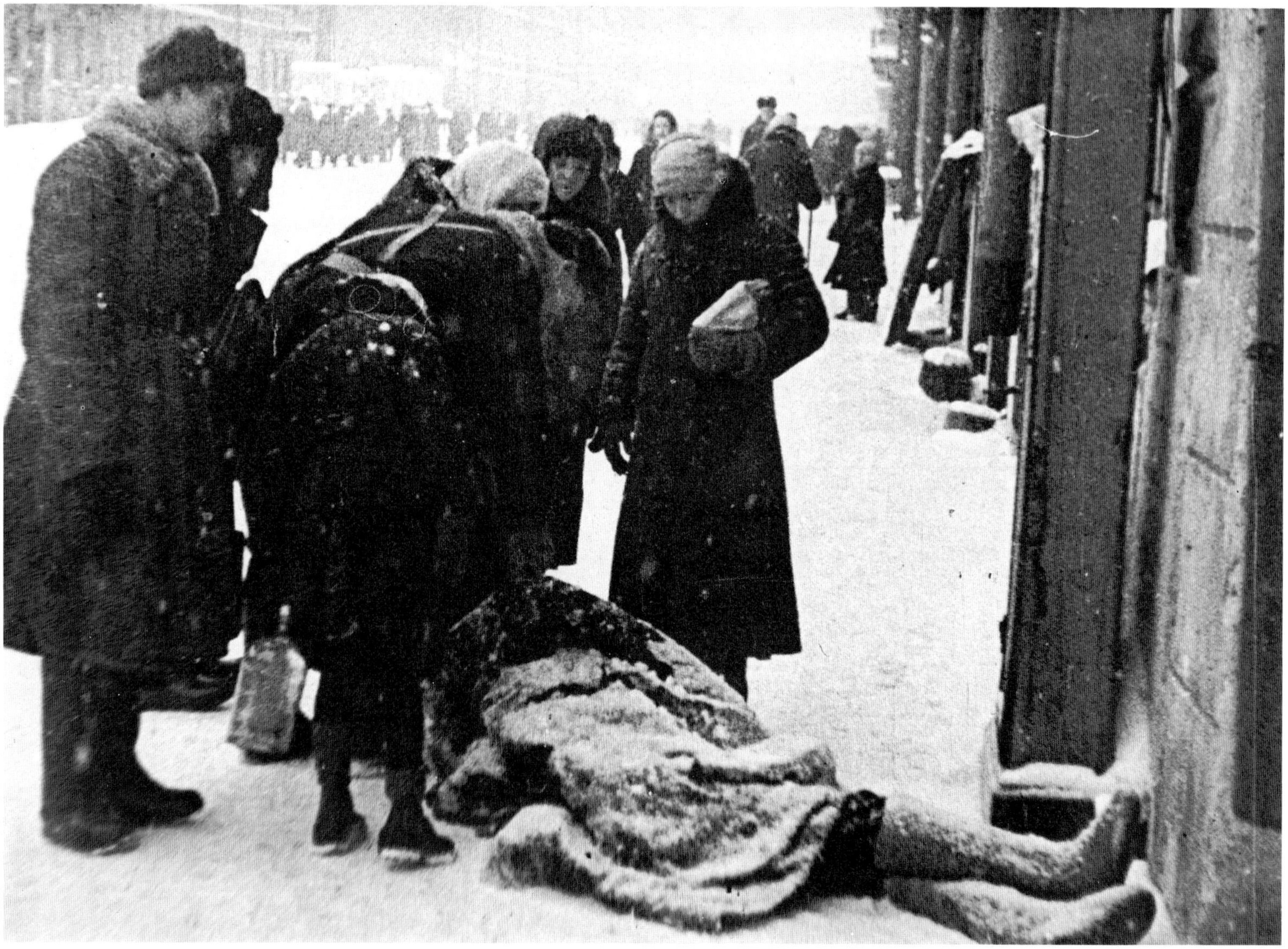

Ein Begräbniszug überquert die Kirowski-Brücke auf dem Weg zum etwa sechs Kilometer entfernten Piskarow-Friedhof. Während der Belagerung mußten die meisten Opfer in Massengräbern beerdigt werden. Wer ein Einzelgrab wünschte, konnte die Friedhofwärter bestechen, mußte aber mit Brot bezahlen können.

Ein Patient wird auf dem Schlitten ins Krankenhaus gebracht. Zwar starben die Bewohner Leningrads an Kälte und Hunger, daneben hatten sie aber das Glück, von Typhus- oder Dysenterieepidemien verschont zu bleiben. Auch die Zahl der Influenzafälle blieb weit unter dem erwarteten Durchschnitt.

Unter einer Eisdecke: der Leningrader Hafen im Frühjahr 1942. Die meisten Schiffe trugen Flakgeschütze, und auf einem weiteren Schiff befand sich ein Stromgenerator, der es Radio Leningrad ermöglichte, während der ganzen Belagerung zu senden – und dies rund um die Uhr. Zwischen den einzelnen Sendungen baute man das Ticken eines Metronoms ein, um zu zeigen, daß die Stadt noch am Leben sei. Bürger, die die Belagerung durchgestanden haben, schaudern noch heute, wenn sie das Ticken eines Metronoms hören.

In der Bildmitte der Kreuzer »Aurora«, dessen Kanonen am 7. November 1918 die bolschewistische Revolution verkündet hatten.

Sowjetische Marinepatrouille auf Nachtwache.

Bild links: *Trotz seinem ehrwürdigen Alter nahm auch der Kreuzer »Aurora« an der Verteidigung der Stadt teil. Im Vordergrund sind seine Flakgeschütze vom Kaliber 85 mm (Jahrgang 1939) zu erkennen, die 9,2 kg schwere Granaten verfeuerten.*

Der sowjetische Zerstörer »Opytni«, in Leningrad abgeschnitten, trägt mit seinen Geschützen zur Verteidigung bei.

Fahrer Iwan Maximow war einer der Blockadebrecher, die über die Eisroute Waren nach Leningrad brachten und Leute aus der Stadt evakuierten – dies vom ersten bis zum letzten Tag. Er erinnert sich:

»In den früheren Morgenstunden des 22. Novembers rollte die erste Kolonne von zehn Fahrzeugen vom Westufer aufs Eis. Ich gehörte zu dieser Kolonne. Eine dunkle und windige Nacht verbarg den See. Noch war kein Schnee gefallen, und das schwarzgestreifte Eisfeld sah auf den ersten Blick aus wie offenes Wasser. Ich muß gestehen, daß eiskalte Angst mich umfaßte. Meine Hände zitterten – vor Erregung, aber auch vor Schwäche: Während vier Tagen hatten wir täglich nur ein Stück Zwieback zu essen bekommen. Aber unsere Kolonne war die einzige Rettung für die Stadt; wir hatten dort Leute verhungern sehen. Die Rettung lag vor uns, am östlichen Ufer. Wir wußten, daß wir um jeden Preis durchkommen mußten.

Nicht alle Fahrzeuge schafften es zum anderen Ufer. Aber die erste Überfahrt im Verband war geschafft. Ich kann mich sogar noch erinnern, wie der erste Teller heißer Suppe schmeckte, den man uns gab.«

Lastwagen auf einer der Eisrouten, die über den Ladoga-See führten. Auf der Hinfahrt führten die Lastwagen Evakuierte mit; sie kamen mit Fleisch, Kohlen und Mehl beladen zurück.

Die Eisdecke war übersät mit Bombenkratern, Schußlöchern und steckengebliebenen Fahrzeugen. Die Deutschen bombardierten die Route unablässig.

Das Bild stammt offensichtlich aus dem Frühling, nachdem die Schneeschmelze eingesetzt hat, da die Lastwagen bis zu den Achsen im Wasser stecken.

Frauen und Kinder bereiten sich auf die Evakuierung aus Leningrad vor – dies auf der Route über den Ladoga-See. Bis zum 22. Januar 1942 hatten Frauen und Kinder sowie alte und kranke Bürger Priorität; danach begann die Evakuierung in größerem Umfang. Zwischen Januar und April wurden weitere 512 000 Eingeschlossene herausgeschafft; dazu kamen 449 000 Gerettete zwischen Mai und November, die auf Schiffen herauskamen.

Mit mir im selben Haus wohnte eine junge Frau mit Zwillingen. Im ersten Blockadewinter lagen beide im Sterben. Auch sie hatte nicht mehr lange zu leben. Sie sah schwach, verlassen und einsam aus.

Eines Tages faßte sie einen Entschluß. Ich weiß nicht, wie ich das nennen soll – ein Verbrechen oder eine mutige Tat? Nein, diese Worte klingen falsch. Vielleicht gibt es in der menschlichen Sprache dafür keinen Ausdruck. Sie hatte realisiert, daß sie nicht beide Söhne durchbringen würde. Also hörte sie auf, den einen Zwilling zu füttern. Er starb.

Aber der zweite stand die schlimme Zeit durch. Ich habe ihn gestern gesehen, wie er im Hof spazierte. Ein dünner, blasser Knabe mit traurigem Blick – aber am Leben.

Eine Frauenabteilung der Bürgerwehr marschiert kurz nach der deutschen Invasion am Winterpalast vorbei.

Die Alkoholiker starben sehr schnell weg. Auch die Geizhälse, die jahrelang Geld gehortet und beim Essen geknausert hatten, wurden schnell vom Tod ereilt. Nur allzuoft ließen sie sich von ihrer Habgier blenden, sogar am Rande des Todes. Es gab da einen Zimmermann, der eine ganze Anzahl wertvoller Gegenstände aus Silber und Gold hinterließ. In seinem Schrank fand man Büchsen mit Konserven und zwei Kilogramm Speck. Kaum zu glauben, daß der Mann verhungert war!

Ich versuche, nicht an das Essen von früher zu denken – ich verbiete mir jeden Gedanken daran. Aber manchmal reißt sich die Phantasie los wie ein wildes Tier, und dann ist die Hölle los. Sie zeigt mir Bilder von gutem Essen – reichhaltig, saftig, knusprig gebraten. Wer kann diese Rasereien eines Leningraders verstehen, die Qualen begreifen, die uns die Erinnerung an leckere Bissen verursacht, die wir unverzehrt liegenließen?

Ich erinnere mich an Ladentheken, die unter dem Gewicht von riesigen rosa Würsten, umhüllt von weissem Fett, beinahe zusammenbrachen. Ich erinnere mich an Beinschinken, an ganze Kränze von Würstchen, an die kühlen, gelben Butterwürfel, an Flaschen mit bunten Etiketten ...

Warum habe ich damals nur hundert Gramm eingekauft? Warum habe ich nicht eingekauft, nicht gegessen, nicht einfach alles heruntergeschlungen? Ich hätte es gekonnt, ohne Probleme!

September 1942: Kohlernte vor dem Hintergrund der Sankt-Isaaks-Kathedrale. Im Frühjahr 1942 gab es sehr viele Skorbutfälle, so daß die Stadtbehörden alle verfügbaren Flächen für den Anbau von Gemüse – vorab Kohl und Karotten – freigaben. Mit fortwährender Dauer der Belagerung wurden die Bürger immer findiger im Aufspüren von vitaminhaltigen Präparaten. So tranken manche einen Aufguß von Tannennadeln und Eichenrinde, der angeblich auch gegen Magenbeschwerden half.

Stalingrad

Nach den schweren Rückschlägen an der Front vor Moskau mobilisierte das Oberkommando der Wehrmacht zusätzliche Streitkräfte. 39 Divisionen in 6 Brigaden, zusammen rund 800000 Mann, rückten nach, um die mitgenommenen Divisionen der Ostfront zu verstärken. Hitler war entschlossen, eine Großoffensive in Rußland zu lancieren, sobald der Boden nach der Schneeschmelze wieder fest genug wäre, um seine Panzerdivisionen zu tragen.

In den Gräben von Stalingrad. In den Baracken der Roten Armee zirkulierte ein Schlagwort: »Wenn du in deiner ersten Schlacht nicht umkommst, wirst du überleben.«

Die Heeresgruppe Nord erhielt den Befehl zur Einnahme von Leningrad, während die Heeresgruppe Mitte ihre Front halten sollte. Der wichtigste Vorstoß dieses Sommerfeldzuges sollte sich im Süden abspielen: Hier sollte die Wehrmacht zur Wolga und zum Kaukasus vorstoßen. Das Hauptziel der Deutschen: Erdöl. Der ganze Krieg beruhte auf dem Verbrennungsmotor, und das Dritte Reich hing von synthetischem Treibstoff und der Produktion der großen rumänischen und ungarischen Erdölfelder ab. Der Kaukasus lieferte drei Viertel des russischen Erdölbedarfs, dazu große Mengen Eisenerz und etwas Kohle. Mit Hilfe dieser Bodenschätze würde Hitler seine Kriegsziele um vieles schneller erreichen. Schloß er Rußland vom Zugang zu diesen Vorkommen aus – so seine Rechnung –, konnte er das Land in die Knie zwingen.

Die Offensive begann im Juni 1942. Die Heeresgruppe Süd sollte die Krim erobern und dann, mit einer typischen Zangenbewegung der Panzertruppen, die Stadt Woronesch einnehmen. Sodann sollte die Halbinsel Kertsch durchquert und der Vorstoß in den Nordwesten des Kaukasus weitergetragen werden. Zwei von Dnjepropetrowsk und Woronesch herkommende Armeen sollten in den Kaukasus vorrücken und dort die Erdölfelder besetzen, gleichzeitig aber auch eine starke Flanke in Richtung Stalingrad vorantreiben.

Die Verteidiger von Sewastopol erwiesen sich als weitaus entschlossener denn erwartet, aber davon abgesehen schienen Hitlers Pläne aufzugehen. Die Sowjetunion verlor immer größere Teile ihres Territoriums. Zwar hatten einige Gegenoffensiven der Roten Armee die deutsche Front an einzelnen Stellen bis zu 320 Kilometer weit zurückgedrängt, aber alles in allem kämpften die Russen ohne Glück. Sie mußten schwere Verluste hinnehmen, und ein Vorstoß zur Wiedereinnahme von Charkow endete mit dem Verlust von drei Armeen, vier Generälen und mit insgesamt einer Viertelmillion Gefangener.

Woronesch fiel am 6. Juli, und der Vormarsch zum Kaukasus und nach Stalingrad begann. Plötzlich änderte Hitler seine Strategie. Der Süden sollte nicht wie vorgesehen Schritt für Schritt erobert, sondern mit zwei simultanen Offensiven auf Stalingrad und den Kaukasus überrannt werden. Die deutschen Generäle protestierten – ohne Erfolg. Die Panzer rollten weiter.

Am 23. Juli fiel Rostow. Aber trotz den deutschen Erfolgen verlor die Rote Armee nicht mehr wie bis dahin große Mengen von Soldaten. Stalin hatte eingesehen, daß seine Armeen beim Vormarsch der Deutschen mit Vorteil elastischen Widerstand leisteten, statt wie bisher in der direkten Begegnung wertvolle Bestände an Truppen und Material zu riskieren.

Aber dann änderte Hitler seine Taktik erneut. Die Vierte Panzerarmee, die am Vormarsch auf den Kaukasus teilgenommen hatte, sollte abschwenken und sich der Sechsten Armee bei ihrem Angriff auf Stalingrad anschließen. Ein bedeutender Teil der Artillerie, der sich auf dem Weg zum Kaukasus befunden hatte, wurde Richtung Norden nach Leningrad beordert.

Aus diesem Grund war die Armee, die sich Stalingrad näherte, schwächer, als es die strategischen Möglichkeiten eigentlich zugelassen hätten, mit rund 400000 Mann aber immer noch imposant. Am

23. August befanden sich Generaloberst Friedrich Paulus und die Sechste Armee auf dem linken Wolgaufer nördlich der Stadt und rückten in die Vororte ein. An diesem Tag flogen alle an der russischen Front verfügbaren Flugzeuge – etwa 600 an der Zahl – Bombenangriffe auf die Stadt. 40000 Zivilisten wurden getötet und 150000 verletzt. Laut späteren Berichten war die Stadt eine einzige Flammenhölle; aus getroffenen Öltanks schossen Flammensäulen von 200 Meter Höhe. Nach dem 23. August begann man auf russischer Seite mit der konsequenten Evakuierung der Zivilbevölkerung.

Hitler war von Stalingrad besessen; er sah die Schlacht um diese Stadt als persönliches Duell mit dem russischen Führer. Aber auch Stalin war wild entschlossen, die Stadt, die seinen Namen trug, nicht in die Hand der Deutschen gelangen zu lassen. Ursprünglich hatte sie »Zarizyn« geheißen: die Stadt der Zarin. Seit dem 16. Jahrhundert hatte sie als wichtiger Handelsposten gegolten – dies dank ihrer strategisch günstigen Lage als Tor sowohl zum Kaukasus wie zu den Regionen im Osten. Im Herbst 1918 hatte Stalin die Verteidigung der Stadt gegen die vorrückenden Weißarmisten geleitet, und sieben Jahre später wurde sie zur Erinnerung an den erfolgreichen Widerstand in Stalingrad umbenannt. Bis 1939 wuchs ihre Bevölkerung auf 445000 Seelen an. Hier fanden sich wichtige industrielle Kombinate, für die Kriegsindustrie von überragender Bedeutung: die Traktorenfabrik »Dserschinski«, die Stahlgießerei »Roter Oktober« sowie die Geschützgießerei »Barrikaden«. Die Stadt wies eine äußerst merkwürdige Form auf: rund dreißig Kilometer lang, aber an der breitesten Stelle knapp fünf Kilometer breit. Der größte Teil ihres Territoriums lag auf dem steil abfallenden Westufer der Wolga; hinzu kam ein unbedeutender Stadtteil auf der Ostseite des Flusses.

Am 2. September beherrschte Paulus' Sechste Armee das Gebiet zwischen Don und Wolga und hatte sich mit der Vierten Panzerarmee vereinigt. Panzer und Infanterie begannen mit dem Vorstoß auf das Stadtzentrum. Die Deutschen, die sich in den vorhergehenden Wochen an das stete Zurückweichen der Sowjets gewöhnt hatten, waren zuversichtlich: Für sie stand fest, daß die Russen ihre Reserven an Material, Mannschaft und Moral erschöpft hatten. Aber obwohl die Sowjets ins Stadtzentrum zurückgedrängt

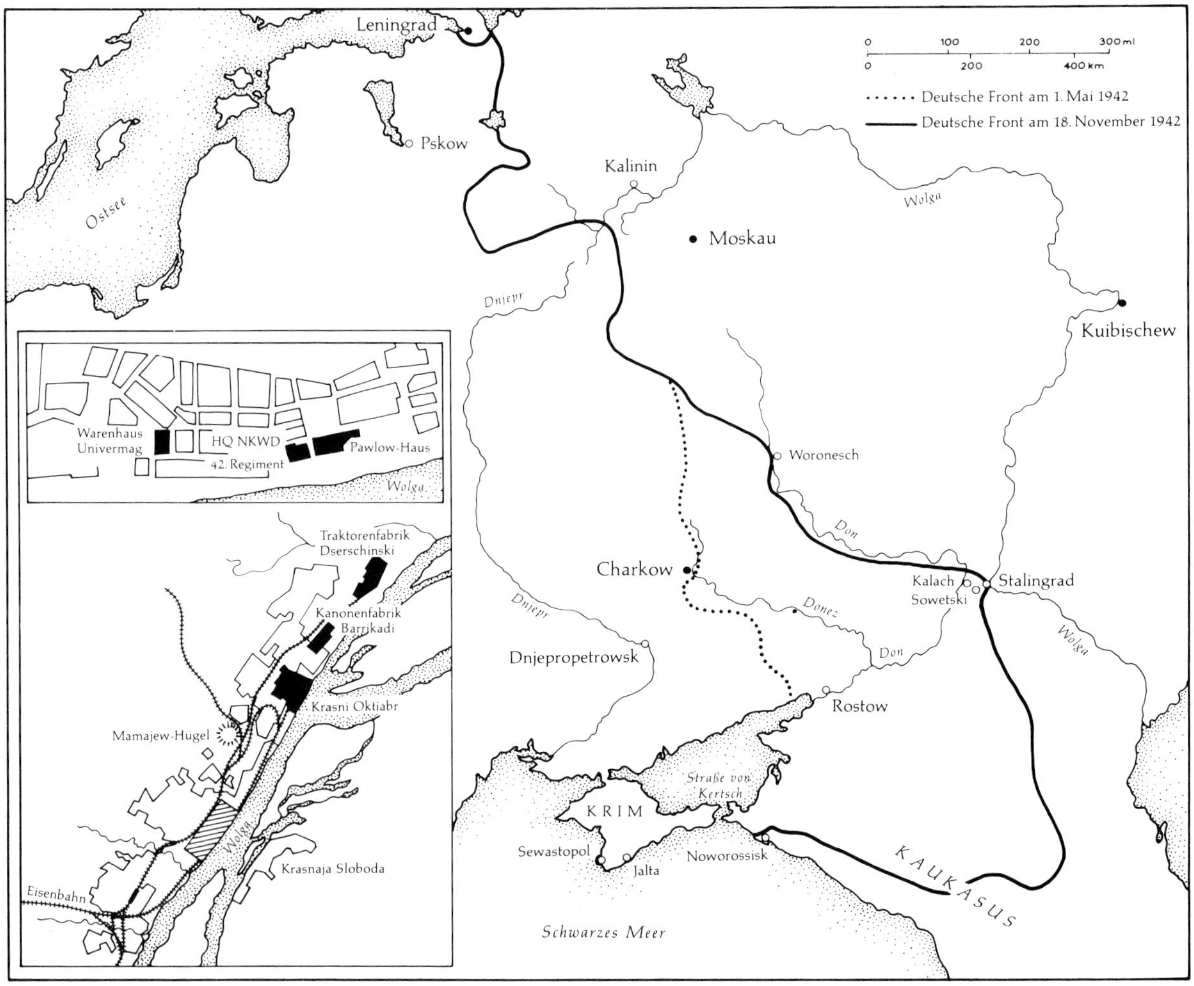

Stalingrad. Die schwarze Linie zeigt die weiteste Ausdehnung der deutschen Verbände. Links Pläne der Stadt.

Gefallene in einem Graben außerhalb von Stalingrad: MG-Schützen mit einem 7,62-mm-Maxim-Maschinengewehr auf Sokolow-Lafette.

worden waren, kämpften sie um jeden Meter. Kaum wähnten sich die Deutschen im Besitz einer Straße oder eines Gebäudes, erfolgte der erste Gegenangriff. Die Russen zeigten sich unnachgiebig: Sie kämpften in den Fabrikhallen, in den Häuserruinen, sogar in den Abwasserkanälen. General Tschuikow, der Oberbefehlshaber der 62. Armee, wußte, daß den Deutschen der Nahkampf wenig lag. Sein Truppenbefehl lautete: »Wir müssen so nahe als möglich an den Feind heranrücken, damit seine Luftwaffe unsere vordersten Einheiten oder Gräben nicht bombardieren kann. Wir müssen jedem deutschen Soldaten das Gefühl geben, daß er in die Mündung eines russischen Gewehrs blickt.«

Die Kämpfe waren so heftig, daß die Bäume schon im September jedes einzelne Blatt verloren hatten. Eine Nachrichtensendung der BBC vom 11. Oktober meldete: »Selbst die Deutschen nennen Stalingrad das russische Verdun. Aber Verdun war ein Fort; Stalingrad ist eine offene Stadt. Dies ist keine Schlacht um eine Ortschaft oder um einen Fluß, sondern um Straßenkreuzungen oder Häuser. Stalingrad hat die Armeen Hitlers besiegt. Polen wurde in 28 Tagen erobert. In 28 Tagen eroberten die Deutschen in Stalingrad einige Häuser. Frankreich wurde in 38 Tagen niedergeworfen. In Stalingrad brauchen die Deutschen 38 Tage, um von einer Seite der Straße auf die andere zu gelangen.«

Aber am 11. November hielten die sowjetischen Truppen trotz allem nur noch einen schmalen Streifen der Uferböschung im Süden der Stadt, einen Stützpunkt auf dem Mamaihügel und einige wenige isolierte Taschen im Stadtzentrum. Das berühmteste russische Widerstandsnest war ein halbzerstörtes Mietshaus an der Soletschnaya-Straße. Am 28. September hatten sich Feldwebel Jakob Pawlow und drei Kameraden über einen Hof an das Haus angeschlichen und Handgranaten durch das Fenster geworfen. Während eine Handvoll deutscher Soldaten eine anderwärts gelegene Deckung aufsuchten, drang Pawlows Gruppe ins Erdgeschoß ein. Im Keller fanden sie mehrere russische Kameraden, einige von ihnen schwer verwundet. Am nächsten Tag gelang es einem Meldeläufer, sich ins Hauptquartier durchzuschlagen, und von da an bildete »Dom Pawlowa« – Pawlows Haus – einen wichtigen Merkpunkt aller Lagekarten. Der bullige, einfache Bauer Pawlow, der den Kodenamen »Leuchtturm« erhielt, verteidigte »sein« Haus während

58 Tagen mit Schlauheit und Entschlossenheit. Er und seine Freunde fanden ein Grammophon in den Trümmern, zusammen mit einer einzigen Schallplatte, die sie immer wieder auflegten, bis die Rillen stumpf waren. Sie hatten keine Ahnung, wie das Lied hieß, aber es verlieh ihnen den Mut, gegen unablässiges Artilleriefeuer und sogar gegen einen Panzerangriff zu bestehen.

Wie durch ein Wunder führte die Schiffswerft noch Mitte November Reparaturen durch, während das örtliche Elektrizitätswerk immer noch Strom lieferte. Aber während Tschuikow seiner fast unlösbaren Aufgabe nachkam, eine Armee zu führen, die in den Ruinen des einstigen Stalingrad zerstreut war, war Marschall Schukow auf der anderen Seite der Wolga mit den Plänen für seine Gegenoffensive beschäftigt. Hier sammelte sich eine gewaltige Streitkraft von zwölf Armeen an, der zudem der einbrechende Winter zur Seite stand.

Die sowjetische Gegenoffensive vom 19. November traf die Deutschen völlig unvorbereitet. Sie zerstreute auf Anhieb die Truppen der rumänischen Verbündeten im Nordwesten der Stadt. Am nächsten Tag überrannte die Rote Armee hundert Meilen weiter südlich eine deutsch-rumänische Einheit. Am 22. November vereinigten sich die beiden sowjetischen Armeen. Paulus und die Sechste Armee waren vollständig abgeschnitten.

Aber erst am 31. Januar 1943 kletterte Friedrich Paulus aus seinem Hauptquartier im Keller des Warenhauses Univermag, um für sich und die Reste seiner Armee die Kapitulation anzubieten – für 91000 Offiziere und Soldaten. Bereits sprachen die deutschen Truppen von ihrem kurzen Feldzug als von der Reise »Kaukasus-retour«: Der deutsche Vorstoß, im August 1942 begonnen, fand nach sechs Monaten, im Februar 1943, ein brüskes Ende. Der demütigende Rückzug aus dem Kaukasus war eine direkte Folge der Einschließung der Sechsten Armee in Stalingrad und der daraus resultierenden Wiederbesetzung der Don-Region durch die Russen.

Die meisten Gebäude Stalingrads waren nur noch Ruinen. Im Mai, vier Monate nach Ende der Schlacht, begann der Wiederaufbau der Stadt. Bereits im September war die Bevölkerung auf 210000 Seelen angewachsen, und Ende Mai 1945 betrug die Industrieproduktion 90 Prozent der ursprünglichen Kapazität.

Der deutsche Vorstoß zum Kaukasus war schon unterbunden worden, bevor Paulus kapitulierte.

Ein Augenblick der Ruhe in den Gräben außerhalb von Stalingrad.

September 1942. Der letzte verzweifelte Versuch der Sowjettruppen, die deutschen Truppen, die Stalingrad umringten, zu durchstoßen, war beinahe von Erfolg gekrönt: Zehn Panzer brachen durch die feindlichen Linien und erreichten die Stadt. Aber auf ihren Fersen folgten schon die Deutschen.

Die Steppen rund um die Stadt sind flaches, baumloses Grasland ohne Zäune, Hügel oder Gebäude, die Deckung bieten könnten.

Duell zwischen zwei Sowjetsoldaten mit einer 14,5-mm-Panzerbüchse PTRS 1941 und einem deutschen Panzer.

In den Gräben rund um Stalingrad interviewt ein Kriegsberichterstatter einen Soldaten. Im Vordergrund ein 7,62-mm-Maschinengewehr vom Typ Degtjarew DP 1928.

Einige der erbittertsten Kämpfe der Schlacht um Stalingrad galten der Traktorenfabrik Dserschinski im Norden der Stadt. Seit der deutschen Invasion war diese Anlage zu einem der wichtigsten Hersteller von Panzern des Typs T-34 geworden. Noch unter dem Artilleriebeschuß des Monats August verließen 400 Panzer die Fabrik. Im gleichen Monat wurden die Arbeiter der Firma – wie auch diejenigen aller anderen Fabriken der Stadt – in eine Arbeitermiliz zusammengefaßt. Alle Mitglieder bekamen ein rotes Armband, ein Gewehr und einen Gurt mit Munition.

Als sich die Deutschen im Oktober der Fabrik näherten, stießen sie auf heftigen Widerstand. Einer der zähesten Verteidiger war Olga Kowalowa, eine Veteranin mit losem Mundwerk, die während zwanzig Jahren mit den Männern der Fabrik gearbeitet hatte. Ihr Bataillonskommandant versuchte sie loszuwerden – dies sei kein Platz für eine Frau. Aber die Kowalowa blieb und rüffelte weiterhin alle Kollegen, die sie als faul oder ineffizient einschätzte. Nach einem der Angriffe wurde sie tot aufgefunden.

Am 18. Oktober eroberten die Deutschen die Traktorfabrik. Das Bild aus dem letzten Stadium des Kampfes zeigt, daß die Anlagen nur noch aus Trümmern und verbogenen Werkzeugmaschinenteilen bestehen.

Drei Monate später sollte die Fabrik zur letzten Zufluchtsstätte der Deutschen in Stalingrad werden. Noch zwei Tage nach der Unterzeichnung der Kapitulation durch Feldmarschall Paulus vom 31. Januar 1943 setzten hier General Strecker und die Überlebenden seines 11. Korps den Widerstand fort.

Ein Soldat der Roten Armee kontrolliert hier im Graben seine 7,62-mm-Maschinenpistole Modell PPSh 1941. Der Typ operierte wie andere Maschinenpistolen der Roten Armee nach dem Rückstoßprinzip und wies ein trommelförmiges Magazin auf, das auf der berühmten Thompson-MP basierte, die in vielen alten Gangsterfilmen auftaucht. Die Läufe stammten meist von ausgedienten M1891-Gewehren, wobei jedes alte Gewehr zwei MP-Läufe ergab. Die Läufe waren verchromt und mußten daher nicht häufig gesäubert werden. Das Magazin enthielt 70 Schuß und konnte in weniger als 30 Sekunden geleert werden.

Die Maschinenpistole war billig und einfach herzustellen, dazu zuverlässig und einfach im Unterhalt. Auch wenn man sie durch den Schlamm zog, im Wasser untertauchte oder in Schnee und Eis liegenließ, funktionierte sie fehlerfrei.

Soldaten und Arbeitermilizen entladen ein Munitionsboot. Nachdem am 18. September eine Munitionslieferung für das 13. Garderegiment am Flußufer in die Luft gesprengt worden war, mußten alle entladenen Güter zuerst in speziell vorbereitete Lager in der Nähe gebracht werden. Die Munition gelangte jedoch meist so schnell wie möglich an die nahegelegene Front, die nur ein paar Straßen weit entfernt war. Um Truppen und Munition überzusetzen, wurden alle erdenklichen Boote benutzt – darunter kleine Ruderboote und aufblasbare Gummiboote. Die Fischer der Umgebung bemannten diese bizarre Flotte.

Soldaten überqueren mit ihrer Ausrüstung – darunter mehrere Pferde – die Wolga.

Oktober 1942. Stalingrad war im Norden, Süden und Westen von den Deutschen und ihren rumänischen Alliierten eingeschlossen. Die einzige Möglichkeit, Verstärkungen und Nachschub heranzuführen, lag im Osten, wo es die Wolga zu überqueren galt. Das Bild zeigt eine frische Infanterieeinheit, ausgerüstet mit Maschinenpistolen und Panzerbüchsen, die eben angekommen ist. Die Fähren, die Truppen in die Stadt brachten, wurden von den hochgelegenen deutschen Stellungen in der Stadt aus beschossen und aus der Luft bombardiert; sogar der Fluß war vermint. Deshalb kostete die Überfahrt nicht selten die Hälfte der betroffenen Einheit das Leben.

Mit jeder Fähre kam ein Politkommissar mit, der für die ideologische Ausbildung, das politruk, *zuständig war. Die Kommissare händigten den Soldaten Flugschriften mit Titeln wie »Was ein Soldat wissen muß und wie man sich im Straßenkampf verhält« aus.*

Kleine Flotte auf der Wolga, im Juli 1942 zusammengezogen. Sie bestand aus Kanonenbooten, Minensuchern und Flakbooten. Dieser Verband deckte die Überfahrten der Fähren und gab auch anderen Schiffen, die auf dem Fluß operierten, Deckung. Sie stand nur bis im November im Einsatz; dann fror der Fluß zu. In den folgenden Wochen gelangten Truppen und Nachschub – so wie in Leningrad – über die Eisdecke in die Stadt.

Sowohl die deutsche wie die russische Armee brachten die erfahrensten Scharfschützen nach Stalingrad. Über ihre Fertigkeiten, ihre Schlauheit und Zähigkeit kursierten zahllose Geschichten. Das Bild illustriert eine besondere Schwierigkeit, mit der die Schützen zu kämpfen hatten. Da die Aufzüge in den halbzerstörten Bauten nicht mehr funktionierten, mußten die Schützen auf der Suche nach einem hochgelegenen Standpunkt die Mauern hochklettern – und nachher wieder hinunterspringen.

Die Taktik des Blitzkriegs, den die Deutschen in den vorhergehenden Jahren mit so viel Erfolg praktiziert hatten, nützte in den Straßen von Stalingrad nicht viel. Um wenige Meter trümmerbedecktes Gelände wurde erbittert gekämpft – oft im Kampf von Mann zu Mann mit Gewehrkolben und Bajonett. Oft kam es vor, daß eine Nazieinheit, verfolgt von den Russen, sich in ein Gebäude flüchtete. Die Deutschen wurden bis ins oberste Stockwerk gejagt, aber wenn eine weitere Gruppe Deutscher das Haus einnahm, fanden sich die Russen in der Klemme. Viele Gebäude wechselten innerhalb weniger Tage mehrere Male den Besitzer.

Russische Soldaten versuchen, die Ruinen eines Hauses zu halten. Der Soldat im Vordergrund trägt eine Maschinenpistole, sein Kamerad einen Flammenwerfer; beide sind mit Schutzanzügen ausgerüstet. Flammenwerfer erwiesen sich in den Straßenkämpfen als sehr wirksam – besonders im Einsatz gegen Panzer.

Die Verwundeten wurden über die Wolga evakuiert, aber die Toten mußten irgendwie in den Trümmern der Stadt beerdigt werden. Viele Leichen blieben in den Trümmern, oder dann lagen sie mitten auf hart umkämpften Straßen. Im Normalfall traten spezielle Begräbnismannschaften in Aktion, um die Gefallenen zu beerdigen, aber in Stalingrad fand man für solche Feinheiten keine Zeit. Wohl aus dem ersten Stadium der Kämpfe stammen diese Szenen, in denen ein Offizier für einen gefallenen Kameraden eine Grabrede hält.

Ein alter Musikant, dessen Heim zerstört worden ist, bringt sein liebstes Hab und Gut in Sicherheit.

Dieses Standbild aus einem Dokumentarfilm zeigt einen Kommandanten, der seine Männer zum Erstürmen eines Hauses auffordert.

Bis 1942 war die Kunst, Sprengladungen in gewöhnliche Flaschen abzufüllen, allgemein bekannt. Die Molotow-Cocktails – der Name stammt aus dem russisch-finnischen Krieg 1939/40 – entzündeten sich beim Aufschlag, mußten also nicht mit einer Flamme zur Detonation gebracht werden. Eine Mischung von weißem Phosphor und Schwefel wurde in Schwefeldioxid aufgelöst – eine Mixtur, die in Flammen aufging, wenn die Flasche zerbrach. Dabei entstanden Temperaturen von 1300 Grad. Im Bild Arbeiter von Stalingrad bei der Massenherstellung von Flaschenbomben zur Panzerbekämpfung.

Auf dem Höhepunkt der Kämpfe in Stalingrad wurde eine Telefonleitung getroffen und die Telefonverbindung unterbrochen. Der Gefreite Kitain erhielt den Befehl, die defekte Stelle zu finden und zu reparieren. Er kroch unter schwerem Beschuß dem Draht entlang, bis er zur Stelle kam, wo der Leitungsdraht von einem Granatsplitter unterbrochen worden war. Im gleichen Moment traf ihn eine tödliche Kugel, aber er fand noch die Kraft, die beiden Drahtenden mit den Zähnen aneinanderzuschließen. So starb er denn – den Draht zwischen die Zähne geklemmt. Die Telefonverbindung funktionierte wieder.

Kommunikation – das war in der Hölle von Stalingrad eines der wichtigsten Wörter. Oft waren einzelne Verteidigertrupps von den Deutschen eingeschlossen, oder der Feind eroberte einzelne Häuser, die mitten in russisch beherrschtem Gebiet standen. Auf den obersten Stockwerken installierten beide Seiten ihre Beobachtungsposten.

Ein Soldat, der im Zivilleben Uhren repariert, birgt eine Uhr, die er in einem verlassenen Haus gefunden hat.

21. September 1942

Die Lage in Stalingrad ist in den letzten Tagen immer gespannter geworden. Am nordwestlichen Stadtrand spielen sich erbitterte Kämpfe ab, und jede Straße, jedes Haus ist in ein Schlachtfeld verwandelt. In den Vororten wird Mann gegen Mann gekämpft. Oft halten die Deutschen das Erdgeschoss eines Gebäudes besetzt, während die Männer der Roten Armee weiterhin das erste und zweite Stockwerk halten. Bodenbretter werden herausgerissen, Löcher in Wände und Decken geschlagen. In Wohnungen und Korridoren wird erbittert gekämpft.

Die Deutschen sind entschlossen, Stalingrad um jeden Preis zu erobern. Mit unablässigen Attacken will ihre Armeeleitung die Verteidiger ermüden. Aber die Widerstandskraft der Verteidiger ist eindrucksvoll.

Wir haben uns nicht nach Stalingrad zurückgezogen, weil die Stadt einfacher zu verteidigen wäre. Unsere Truppen wissen, was Stalingrad und die Wolga für das Land bedeuten, besonders Stalingrad. Aber wir stehen unter schwerem Druck. Obwohl die Deutschen erschreckende Verluste einstecken müssen, verlieren auch wir sehr viele Soldaten und Waffen. Kommt hinzu, daß dieser Kampfplatz äußerst viele Schwierigkeiten bietet. Die Verbindungen sind schlecht, und die topografischen Gegebenheiten verschaffen uns keinerlei Vorteile. Trotz all diesen Schwierigkeiten hegt keiner der Männer, die hier für Stalingrad kämpfen, auch nur den Gedanken daran, die Stadt aufzugeben oder sich zurückzuziehen. Wir wollen den Sieg. Heute wünschen wir ihn uns noch intensiver herbei als vor zwei oder drei Wochen.

Soldaten in einem Unterstand während der Schlacht um Stalingrad. Eines der populärsten Lieder des Krieges trug den Titel »Im Unterstand«:

In unserem Unterstand
brennt ein Holzfeuer,
Tränen von Harz, sie
zischen und seufzen.
Der sanfte Refrain des
Akkordeons
erzählt mir von dir,
deinem Lächeln und
deinem Blick.

Wir sind viele Lichtjahre
voneinander entfernt,
und getrennt durch
schneebedeckte Steppen.
Auch wenn die Straße zu
dir so weit ist,
zur Tür des Todes ist es
nur ein paar Schritte.

Das Lied entstand während der Schlacht um Moskau im späten November 1941. Sein Autor, der Kriegskorrespondent Alexei Surkow, schickte es an seine Frau. Aber die Behörden kritisierten den Text, der für die Moral der Truppen schlecht sei; besonders die letzte Zeile sei defätistisch.

Surkow weigerte sich, eine andere Fassung vorzulegen. Dabei unterstützten ihn die Männer an der Front. Sechs Soldaten einer Panzereinheit schrieben ihm: »Für sie müßtest Du wahrscheinlich sagen, der Tod sei viertausend Meilen weit weg. Aber laß das Lied so, wie es ist. Wir haben die Schritte gezählt, die es bis zum Tod braucht.«

Ein Küchensoldat bereitet auf einem improvisierten Ofen in einem Bombenkrater kascha *(Buchweizengrütze) zu.*

Pause für eine Tasse Tee.

Alle Russen wissen, daß die einzig mögliche Fußbekleidung für den Winter walenki *heißt – Filzstiefel, die man mit Gamaschen trug. Lederstiefel, auch mit mehreren Paar Socken getragen, geben einfach nicht warm genug für die extreme russische Kälte. Diese Strohstiefel, die die Deutschen in den besetzten Gebieten fabrizierten, waren völlig unzulänglich. Die sowjetischen Soldaten bezeichneten sie höhnisch als »Ersatz-Walenki«.*

Kavallerieeinheiten nähern sich vor einer Offensive dem Bereitstellungsraum. Nach dem Ende des Jahres 1942 kamen die berittenen Truppen nur noch selten zum Einsatz. Aber zu Kriegsbeginn fehlte es der Roten Armee an gepanzerten Truppenfahrzeugen, an Lastwagen und anderen Gefährten, mit denen sich schwieriges Terrain befahren ließ. Man setzte deshalb schnelle Kavallerieeinheiten zum Durchbrechen der feindlichen Linien ein, ebenso zum Umzingeln feindlicher Truppen. Auch die Deutschen setzten für den Transport an der Ostfront Pferde in großer Zahl ein, ebenso wie Kavallerieeinheiten.

Es ist nicht einfach, als erster mit einem begeisterten »Vorwärts!« aufzuspringen, wenn man eigentlich nur den Wunsch hat – den einzig natürlichen Wunsch unter den gegebenen Umständen –, sich einzugraben, so tief wie möglich in die Erde zu kriechen. Rundum das Gebrüll von Explosionen, ein zischendes, heulendes Inferno, und der Tod sucht gierig und mit mörderischem Blick nach dir, vielleicht will er dich auch langsam, unter Schmerzen sterben sehen. Deine Kameraden drücken sich immer noch eng an die wärmende Erde, und dort werden sie liegenbleiben, für ein paar wenige Sekunden oder ... für die Ewigkeit!

In diesem Augenblick stehst du ganz allein und hast das Gefühl, daß alle diese Granaten und Minen, all diese Splitter und Kugeln dir gelten, dir ganz allein. Schließlich steht da auch niemand anders, den sie treffen könnten. »Jetzt ist die Reihe an mir. Hinter mir sind sie her ...« Und dann flutet die Erleichterung durch dich, wie die anderen sich erheben; es besteht die winzige Chance, daß dieses Zeug nicht für alle von uns ausreicht.

Nein, es ist keineswegs leicht, als erster aufzuspringen, aber ... jemand muß es tun. Also springst du auf, wie von einer Feder geschnellt. Auf und los, zusammen mit deiner Panzerfaust, und deine allzumenschliche Angst geht unter in deinem heiseren »Mir nach!«, und danach bleibt nur noch die Wut der Schlacht und der Wille zu gewinnen, um jeden Preis.

Am 31. Januar 1943 beförderte Hitler per Funk Generaloberst Friedrich Paulus zum Feldmarschall. Paulus und sein Stab hatten sich in ihrem Hauptquartier im Untergeschoß des Warenhauses Univermag verschanzt. Bisher war noch nie ein deutscher Feldmarschall in Gefangenschaft geraten, so daß die Beförderung einer Aufforderung zum Selbstmord gleichkam. Aber Paulus ergab sich noch am gleichen Tag. Er wurde von Leutnant Fjodor Michailowitsch Jeltschenko gefangengesetzt.

Paulus überlebte den Krieg und unterrichtete später an der sowjetischen Militärakademie. Er starb 1957 in der DDR. Das Bild zeigt ihn zusammen mit seinem Stabschef Generalleutnant Schmidt und Oberst Adam, seinem Adjutanten.

91 000 deutsche Soldaten und Offiziere, unter ihnen 24 Generale, gerieten in Stalingrad in Gefangenschaft. Nur 5000 von ihnen überlebten die folgenden Jahre des Marsches und der Gefangenenlager. Eine endlose Reihe Gefangener tritt hier den Marsch nach einem Lager im Ural an.

Ein Dorf in der Nähe Stalingrads, das zusammen mit der überlebenden Bevölkerung während der Gegenoffensive vom Dezember befreit wurde. Das Dorf wurde so schnell überrannt, daß die Deutschen keine Zeit mehr fanden, vor ihrem Abzug die Häuser in Brand zu stecken. Beim Panzer handelt es sich um den berühmten Typ T-34.

23. November 1942. Russische Soldaten umarmen sich tanzend und jubelnd: Die beiden an der Gegenoffensive beteiligten Armeen treffen in Sowetski aufeinander.

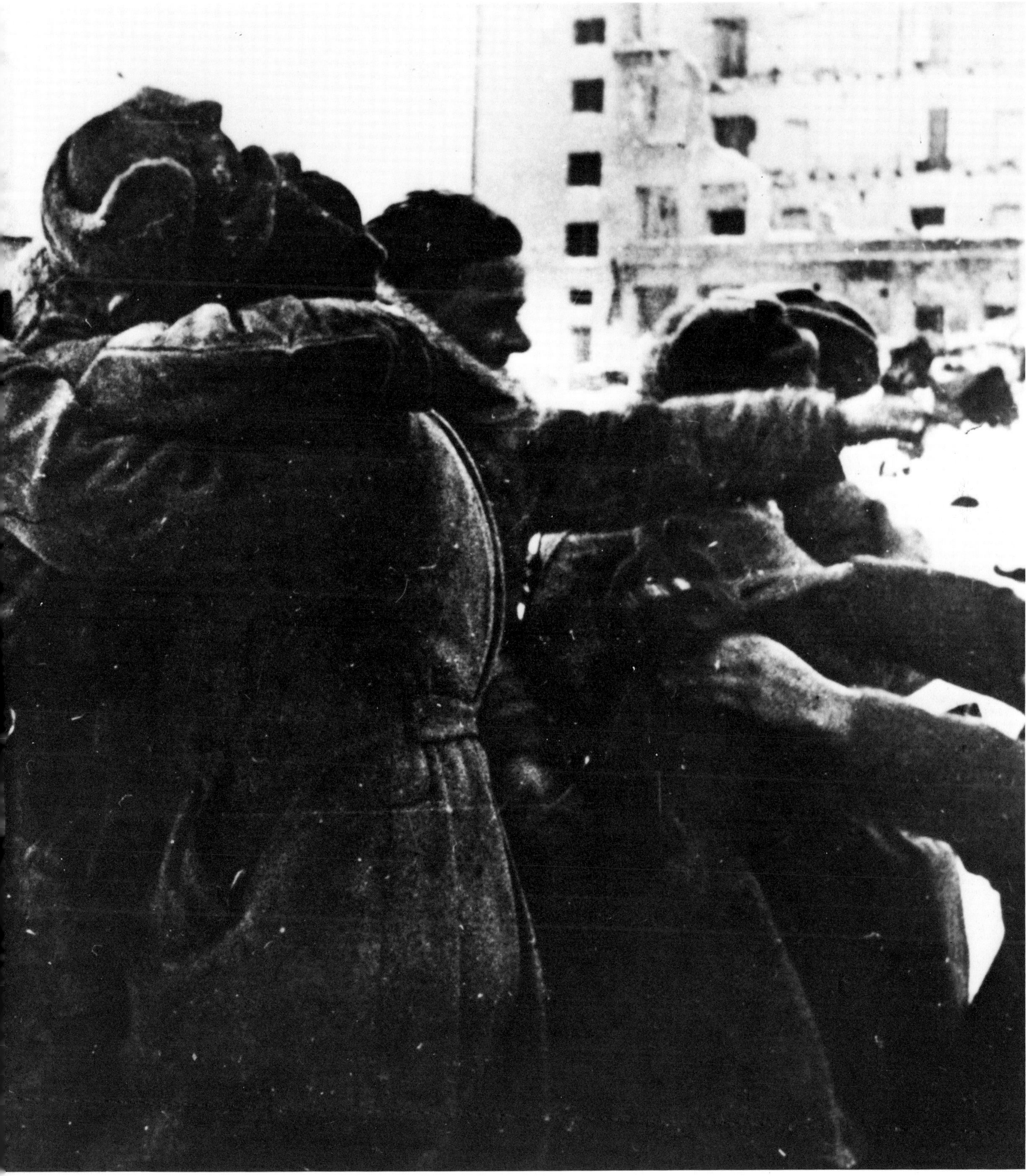

Luftansicht Stalingrads nach der Schlacht. Die Stadt wurde für 200 000 Deutsche zum Grab.

Bild rechts: *Eine Straße in Stalingrad kurz nach der Kapitulation der Deutschen. Die beiden Kameraleute drehen einen Dokumentarfilm über die Schlacht. Zusätzlich zu den 91 000 Gefangenen eroberten die Russen 750 Flugzeuge, 1550 Panzer, 480 Panzerfahrzeuge, 8 000 Geschütze und Minenwerfer, 61 000 Lastwagen, 235 Munitionslager und große Quantitäten weiteren Materials.*

Bild links: *Im Vordergrund ein Soldat der Roten Armee mit einer Handgranate, duhinter zwei Kameraden mit einem Panzerabwehrgeschütz in den Ruinen von Stalingrad.*

Die Partisanen

In seiner berühmtgewordenen Radioansprache an die Nation vom 3. Juli 1941 hatte Josef Stalin die Bevölkerung aufgefordert, »in den vom Feind besetzten Gebieten Partisanengruppen zu Fuß und zu Pferd zu bilden. Zusätzlich müssen sich Gruppen von Saboteuren zusammenschließen, um feindliche Einheiten zu bekämpfen, Brücken und Straßen zu sprengen, Telefon- und Telegraphenverbindungen zu unterbrechen und Unterkünfte sowie Vorratslager in Brand zu stecken.« Er fuhr fort: »In diesen Gebieten müssen Bedingungen geschaffen werden, die für den Feind unerträglich sind. Ihr müßt ihm überallhin folgen und seine Kräfte vernichten.«

Ob als Folge dieses Aufrufs oder als Reaktion auf das Verhalten der Besatzer – jedenfalls drängten schon bald Männer, Frauen und Jugendliche darauf, sich der Partisanenbewegung anzuschließen. Schon einen Monat nach der Invasion zählte man allein in der Region von Leningrad 200 Partisanengruppen. Im November griffen 10000 Partisanen in die Schlacht um Moskau ein, und zu Ende des Jahres operierten bereits 90000 dieser Kämpfer hinter der feindlichen Front. Einige dieser Abteilungen waren schon vor dem Rückzug von örtlichen Partei- und Regierungsmitgliedern gegründet worden. Andere entstanden nach dem Vorrücken des Feindes. Auf dem ganzen besetzten Territorium wimmelte es von Parteikomitees im Untergrund, von Lokalkomitees und Stadt- oder Distriktkomitees des Komsomol. Aber trotz so viel Enthusiasmus mangelte es der Widerstandsbewegung im ersten Kriegsjahr an Koordination.

Vor allem gab es keine klare Befehlshierarchie, weiter mangelte es an Waffen und Munition. Auch die für Aufklärungs- und Sabotageunternehmen erforderliche Spezialausrüstung war kaum vorhanden – Schwierigkeiten, die durch den Zusammenbruch der Verwaltung noch verstärkt wurden. Der Feind zerschlug die kleinen, improvisierten Partisaneneinheiten ohne Schwierigkeiten, oder diese zerfielen, wenn ihre Anführer umkamen oder gefangengenommen wurden. Dazu ging man unnötige Sicherheitsrisiken ein. So wußten zum Beispiel zu viele Leute, wer dem Widerstand angehörte; viel zu viele wußten zudem im Detail Bescheid, welche Aktionen geplant waren. Folglich hatten die Deutschen wenig Mühe, potentielle Informanten zu finden und ihr Wissen aus ihnen herauszuholen. Aber auch dort, wo einzelne Partisanengruppen mit Erfolg arbeiteten, waren sie nicht so effizient, wie dies möglich gewesen wäre, hätte man die Aktivitäten der einzelnen Verbände koordiniert. Kam hinzu, daß hinter der Front abgeschnittene Soldatentrupps oft ohne Verbindung zu den Partisanen operierten, und dies meist ohne wirksame Führung.

Trotz all diesen Schwierigkeiten griffen aber die Partisanen bereits im ersten Kriegsstadium immer wieder entscheidend ein. So schafften es Partisanengruppen im Oktober 1941, 1400 Soldaten der Roten Armee, die auf besetztem Gebiet abgeschnitten waren, wieder in die russischen Linien zurückzuführen. Josef Goebbels, Hitlers Propagandaminister, gab in seinen Tagebüchern zu, daß die Widerstandsbewegung die Naziaktivitäten unterminierte:

6. März 1942: »Ein SD-Bericht orientiert mich über die Lage im besetzten Rußland. Sie ist doch prekärer, als man allgemein annimmt. Die Partisanengefahr erhöht sich von Woche zu Woche. Die Partisanen beherrschen ganze Gebiete im besetzten Rußland und üben dort ihren Terror aus.«

16. März 1942: »Die Partisanentätigkeit hat in den letzten Wochen wieder beachtlich zugenommen. Die Partisanen führen einen richtiggehenden organisierten Kleinkrieg. Es ist ihnen sehr schwer beizukommen, weil sie in den von uns besetzten Gebieten mit so terroristischen Mitteln vorgehen, daß die Bevölkerung schon aus Angst sich nicht mehr bereit findet, loyal mit uns zusammenzuarbeiten.«

Ein Partisanenspähtrupp bei Brjansk. Der Fotograf gehörte zweifellos dieser Partisaneneinheit an. Während des »Schienenkriegs« sprengten die Untergrundkämpfer der Gegend zwischen dem 21. Juli und dem 27. September 1943 den Schienenstrang an über 17000 Stellen.

Weißrussische Partisanen durchwaten einen Sumpf. Viele dieser Sümpfe waren in den Karten der Deutschen als unpassierbar eingetragen, aber die Bewohner der Gegend kannten ausnahmslos versteckte Pfade, die hindurchführten.

29. April 1942: »In den besetzten Gebieten ist die Partisanengefahr weiterhin im alten Umfange vorhanden. Die Partisanen haben uns doch im Winter sehr große Schwierigkeiten gemacht, und diese Schwierigkeiten haben mit Beginn des Frühlings durchaus noch nicht aufgehört.«

Goebbels realisierte auch, daß die brutale Untermenschen-Politik des Gauleiters Erich Koch (damals Reichskommissar der Ukraine) jegliche Verlockung, mit dem Feind zu kollaborieren, im Keim erstickte: »Wir sind mit den Russen, und besonders den Ukrainern, zu hart umgesprungen«, gab er zu. »Ein Knüppel auf den Kopf ist nicht immer ein überzeugendes Argument.«

Der Widerstandsbewegung kam aber auch die Aufgabe zu, die Moral der Zivilbevölkerung zu heben. Obwohl die Aktivitäten der Partisanen scheußliche Vergeltungsmaßnahmen über die Bewohner der besetzten Regionen brachten, erinnerten sie auch daran, daß der Kampf weiterging. Die Sowjetunion hatte sich nicht ergeben. So wurden im November in Kiew 800 Zivilisten wegen einer einzigen Brandstiftung erschossen. Und wenig später erschien in der gleichen Stadt eine Mitteilung an die Bevölkerung, in der es hieß: »Eine Verbindungsinstallation ist hinterlistig beschädigt worden. Da die Urheber nicht ermittelt werden konnten, wurden 400 Bürger von Kiew erschossen.« Es waren Greueltaten wie diese, die die Reihen der Partisanen anschwellen ließen.

Im Mai 1942 setzte die Stavka ein zentrales Hauptquartier für die Partisanenbewegung ein, das den gesamten Widerstand leiten sollte. Auch in den Republiken und Regionen errichtete man Partisanenhauptquartiere, und zum erstenmal stellte man eine effiziente Verbindung zwischen diesen Einheiten und der Roten Armee her. Schon im Herbst 1941 waren Ausbildungszentren gebaut worden, in denen Instruktoren der Roten Armee und des Sicherheitsdienstes (NKWD) unterrichteten. Jetzt erweiterte man diese Anlagen, um möglichst viele Rekruten so schnell wie möglich in die Grundtechniken des Widerstands einzuführen: Fallschirmspringen, wirksamer Umgang mit Sprengstoffen, das Einholen und Auswerten von Informationen, Funkbetrieb und die nötigen Kenntnisse zum Fälschen oder Ändern von deutschen Dokumenten. In die gleiche Zeit wie die Errichtung des Partisanenhauptquartiers fiel auch die Schaffung einer im Untergrund arbeitenden Parteiorganisation, die sowohl für den bewaffneten Widerstand wie für die Aufrechterhaltung einer Art Schattenregierung im Untergrund von größter Bedeutung war.

Damit begannen die großflächigen, gutorganisierten Partisanenaktionen des Jahres 1942. In diesem Jahr mußte die Wehrmacht bis zu 24 reguläre Divisionen zur Bekämpfung des Widerstandes einsetzen. Aber den größten Erfolg konnten die Partisanen im Sommer 1943 verzeichnen. Während die Rote Armee mit dem Angriff auf Kursk ihre Gegenoffensive begann, zerstörten die Widerstandsgruppen in einer konzertierten Aktion die deutschen Nachschubs- und Kommunikationslinien.

Bis zum Jahr 1944 zählten die Partisaneneinheiten mehr als 250000 Kämpfende. Die größten Verbände fanden sich in Weißrußland, wo man während des ganzen Jahres eng mit der roten Armee zusammenarbeitete. Als der Vorstoß zur Befreiung Weißrußlands begann, sprengten die irregulären Truppen mehr als 60000 Güterwagen in die Luft und lähmten so den deutschen Nachschub auf der Schiene. Zusammen mit den regulären Truppen marschierten sie in Minsk, der weißrussischen Hauptstadt, ein. Minsk war übrigens als eine der ersten russischen Städte besetzt worden, aber die Partisanen hatten die Deutschen von Beginn an nicht in Ruhe gelassen. Ein Oberst Westphal schrieb am 5. August 1943 an seinen in der Frontlinie kämpfenden Bruder: »Hier in Minsk hören wir tagsüber dauernd Explosionen, und nachts wird geschossen, als wäre man in einem Schützengraben. Dazwischen Geschützfeuer, oder vielleicht sind es die verfluchten Minen. Es wimmelt hier von ihnen. Das Elektrizitätswerk wurde in die Luft gejagt, und eine Woche lang hatten wir keinen Strom. Am Sonntag flog beim Offiziersklub ein Auto in die Luft und beim Wasserturm eine Lokomotive. Viele Deutsche sind in den Straßen erschossen worden, von Heckenschützen. Langsam schnappe ich über.«

In seiner halboffiziellen Geschichte der Partisanenbewegung behauptet B. S. Telpukowski, in den Jahren 1941–43 hätten die weißrussischen Partisanen rund 500000 feindliche Soldaten liquidiert – unter ihnen 47 Generale und Hitlers Reichskommissar Wilhelm Kube, der durch eine Zeitbombe ums Leben kam, die seine weißrussische Mätresse in seinem Bett plaziert hatte. Nach den Angaben Telpukowkis töteten die Partisanen der Ukraine 460000 Deutsche. Weiter zerstörten oder beschädigten sie 5000 Lokomotiven, 50000 Güterwaggons und 15000 Motorfahrzeuge.

Als es mit der Befreiung des Landes vorwärtsging, war es nicht länger nötig, alle Partisanenaktionen von Moskau aus zu steuern. Im Januar 1944 hob die Stavka das Hauptquartier der Partisanenbewegung auf – von jetzt an hielten die einzelnen Truppenverbände den Kontakt zu den lokalen Einheiten aufrecht. Aber selbst nachdem die Rote Armee die Deutschen vom sowjetischen Boden vertrieben hatte, kämpften die einstigen Partisanen weiter, bis hin zur Schlacht um Berlin.

In vielen Gebieten gehörten einstige Bolschewiken, die aus der vorrevolutionären Zeit Erfahrungen mit der Untergrundarbeit mitbrachten, zu den Schlüsselfiguren der Partisanenbewegung. Alles in allem kämpften mehr als eine Million Männer und Frauen jeden Alters hinter den feindlichen Linien.

Partisanen verminen ein Eisenbahngleis, nachdem sie die deutsche Patrouille unschädlich gemacht haben. Die Deutschen haben das Land zu beiden Seiten des Schienenstrangs gerodet, um den Partisanen keine Verstecke zu lassen.

»Um Überfälle der Partisanen zu bekämpfen, bauten die Deutschen Stellungen aus, legten Minen rund um Kreuzungsstellen, Bahnhöfe und Brücken und fällten die Bäume zu beiden Seiten der Strecke. Die Patrouillen feuerten auf jedermann, der sich auf den Schienen oder in ihrer Nähe zu zeigen wagte. Oft beobachteten wir deutsche Pioniere, die mit Minendetektoren und Hunden die Trasse abschritten, wobei ihnen auf beiden Seiten eine Patrouille voranging, die meist ebenfalls Hunde mitführte. Was wir taten? Wir legten die Minen, nachdem die Patrouille passiert hatte. Die Spürhunde zu düpieren war etwas schwieriger. Sie waren darauf abgerichtet worden, Tolit (einen Bestandteil von TNT) zu riechen und so unsere Minen aufzuspüren. Wir lenkten ihre Aufmerksamkeit ab, indem wir kleine Mengen Tolit hier und dort ausstreuten. Die Hunde hielten sie für Minen und wurden von den Hundeführern entsprechend bestraft, so daß sie fortan die wirklichen Minen nicht mehr meldeten. Die Deutschen pflegten zu sagen: ›Die Russen haben unsere Hunde angeworben.‹«

So Farid Faslıamechtow, ein Partisanen-Minenleger.

Die Bürger von Odessa sind in der Sowjetunion für ihren bodenständigen Sinn für Humor und ihre derbe Sprache bekannt. Das Bild zeigt eine Gruppe der lokalen Partisaneneinheit, eines kleinen, aber wichtigen Verbandes. Sie lebten in den Höhlen der Küste. Von dort aus sabotierten sie die Anlagen des Feindes im Hafen und in den Werften, wo die Deutschen ihre Schiffe reparierten.

Nach der Niederlage der Deutschen vor Moskau nahm die Partisanenbewegung an Stärke und Effizienz zu. Im Jahre 1942 kontrollierten die Untergrundkämpfer ganze Regionen, in denen die sowjetische Verwaltung wiedereingeführt wurde. In der Provinz Orel beherrschten 18000 Partisanen, die 54 verschiedenen Einheiten angehörten, ein Gebiet mit 490 Dörfern.

Das 1942 entstandene Bild zeigt eine große Partisaneneinheit in Weißrußland beim Marschieren.

Ein deutscher Soldat posiert vor einem der Aberhunderte von russischen Dörfern, die seine Armee restlos niederbrannte.

Zu den Untergrundkämpfern gehörten auch viele Kinder wie dieser Knabe. Ihre Dienste im besetzten Gebiet waren unschätzbar, da sie sich überall bewegen konnten, ohne das Mißtrauen der Besatzer zu wecken.

Bild links: *Funker, Scharfschützen und andere Spezialisten sprangen oft mit dem Fallschirm über den besetzten Gebieten ab – meist bei Nacht. Die Partisanen gaben den Piloten Signale, indem sie große Feuer entzündeten. In manchen Gegenden rodeten sie sogar Waldstreifen, die groß genug waren, um als Landeplatz dienen zu können.*

Unter den Kämpfern, die auf diese Weise zu den Partisanen gelangten, befanden sich auch einige Fotografen – so Boris Trachmon, von dem mehrere Bilder dieses Kapitels stammen. Trachmon nahm auch am »Schienenkrieg« teil, den das sowjetische Oberkommando am 14. Juli 1943 angeordnet hatte. Es handelte sich hier um eine Generalattacke auf alle lebenswichtigen Eisenbahnverbindungen in den von den Deutschen besetzten Landesteilen. In der Nacht auf den 20. Juli wurden die Eisenbahnstränge in den Regionen Brjansk, Orel und Gomel an 5800 Stellen gesprengt.

Beim Flugzeug handelt es sich um eine Lisunow Li-2 – die sowjetische Version der berühmten Douglas DC-3 Dakota, die als Lizenzproduktion in der UdSSR hergestellt wurde.

Sidor Kowpak, ein einstiger Schullehrer, kämpfte bereits im Bürgerkrieg mit und wurde einer der führenden Partisanenkommandanten. Er befahl über eine Einheit von etwa 10000 Männern, die in Putiwl in der Ukraine über ihre eigene Artillerie verfügte. Als sich die Deutschen zurückzogen, gingen ihnen Kowpak und seine Männer voran, auf der ganzen Strecke die Verbindungen zerstörend. Die Einheit wirkte später auch bei den Kämpfen in Polen mit.

Portraits von Untergrundkämpfern.

Zu den wichtigsten Aufgaben der Partisaneneinheiten gehörte das Sprengen der Schienenverbindungen. Allein zwischen August und November 1943 wurde das Schienennetz Weißrußlands an 200 000 Stellen in die Luft gesprengt. Dabei entgleisten 1014 Züge; 814 Lokomotiven wurden zerstört oder beschädigt, ebenso 72 Eisenbahnbrücken.

Sprengstoffexperten, die mit dem Fallschirm in den besetzten Gebieten landeten, instruierten die Partisanen. Das Bild zeigt einen Partisanen mit einer Maschinenpistole vom Typ Schmeißer, die er von der gegnerischen Armee erbeutet hat, beim Entzünden der Zündschnur, die eine Bombe auf einer wichtigen Bahnstrecke zur Explosion bringen wird.

Partisanenbasis im Wald. Die Partisanen durften nur selten Feuer entfachen: Die Deutschen hätten den Rauch sehen können.

Im Herbst 1942 empfing das Hauptquartier der Brjansker Front eine Funkbotschaft: »Wir haben Waffen. Wenn nötig, nehmen wir dem Feind noch mehr Waffen weg. Was wir brauchen, ist ein Lied. Ein Lied können wir nicht erobern. Sendet uns also ein Lied.« Der Funkspruch war unterzeichnet von den Partisanen des Waldes von Brjansk. Der Dichter Anatoli Sofronow und der Komponist Sigismund Katz rätselten lange, welche Art von Lied sie schreiben sollten. Ein Lied zum Marschieren paßte nicht – Partisanen marschieren selten. Sie singen auch nicht laut – je weniger man von ihnen hört und sieht, desto besser. Das Resultat war ein episches Lied in der alten russischen Tradition, das man ganz leise im Chor singen konnte.

Es ertönte zum erstenmal in einem Unterstand in der Nacht auf den 6. November 1942, an einem Fest zur Feier des 25. Jahrestages der Oktoberrevolution:

Der Wald von Brjansk
murmelte grimmig,
als der blaue Nebel sich
senkte,
die Kiefern rundum spitzten
die Ohren,
um den Tritt zu hören,
den Tritt der Partisanen
auf dem Weg in den
Kampf ...

Im Herbst 1942 erfuhren wir, daß die Deutschen eine Strafexpedition gegen unsere Partisaneneinheit vorbereiteten. Die Brücke, die über einen nahegelegenen Fluß führte, mußte gesprengt werden, so daß ihre Panzer und ihre gepanzerten Truppentransporter nicht durchkommen konnten. Aber die Brücke stand unter strenger Bewachung. Meine einjährige Tochter lebte mit uns im Partisanenversteck, und wenn ich auf Kundschaft ging, ließ ich sie immer im Versteck bei meiner Mutter zurück. Als ich erfuhr, daß mehrere Versuche, an der Brücke eine Mine anzubringen, gescheitert waren, ging ich zu unserem Kommandanten und meldete mich freiwillig für die Aufgabe. Ich wickelte die kleine, aber sprengkräftige Zeitbombe ins gleiche Bündel wie meine Tochter, nahm einen Korb voller Äpfel mit und machte mich auf den Weg zum Markt im nahegelegenen Dorf. Dieser führte über die Brücke. Die Wache auf der ersten Seite der Brücke kontrollierte meinen Korb und nahm mir fast die Hälfte der Äpfel weg, aber sie ließ mich durch. In der Mitte der Brücke blieb ich stehen und wechselte die Windeln meiner brüllenden Kleinen ... Schnell und verstohlen brachte ich die Mine an einem Träger an. Am anderen Brückenende wurde mein Korb erneut überprüft; die Deutschen ließen mir nur noch ein paar Äpfel übrig, aber ich durfte passieren. Drei Stunden später flog die Brücke in die Luft. Die Deutschen brauchten einen Monat, um sie zu reparieren.

Der Partisanenalltag bestand aus langen Warteperioden mitten im Wald, wo die meisten Annehmlichkeiten des städtischen Lebens fehlten. Trotzdem bauten die Partisanen kleine Badehäuser mit russischen Dampfbädern.

Mit unserem Badehaus passierte eines Tages eine lustige Geschichte. Wir hatten aus einem leeren Faß eine kleine Kammer zum Desinfizieren der Kleider gebaut. Eine Gruppe von Pionieren, die eben von einer Mission zurückkam, wurde darauf aufmerksam gemacht, die Leute müßten alle Streichhölzer aus den Taschen entfernen, bevor sie die Kleider zum Desinfizieren gaben. Aber wir hatten vergessen, Patronen, Handgranaten oder Zünder zu erwähnen. Die Burschen machten es sich also für ein paar Stunden der Entspannung im heißen Dampfbad bequem, als plötzlich eine Salve von Schüssen und Explosionen ertönte. Der ganze Trupp stürzte aus dem Badehaus, ohne einen Faden am Leib – jedermann war überzeugt, die Deutschen hätten uns angegriffen. Gott sei Dank blieben ihre Mäntel und Stiefel intakt, denn es war mitten im Winter, und außer ein paar eroberten deutschen Uniformen in unserem Lagerhaus besaßen wir keinerlei Kleider.

Einer der Partisanen, früher ein Zoologielehrer, fand eine narrrensichere Methode, um im Sommer Kleider zu desinfizieren. Im Wald wimmelte es von Ameisenhaufen, und die Ameisen brauchten keine fünf Minuten, um den Stoff von allen Parasiten zu befreien.

Deutsche Soldaten inspizieren einen Zug, der von Partisanen in die Luft gesprengt wurde. Vielleicht handelte es sich um leere Wagen, die die Deutschen oft einem Munitions- oder Truppenzug voraussandten. Um die Partisanen abzuschrecken, ließen die Deutschen manchmal auch einen Zug voll russischer Gefangener vorausrollen.

Bei ihren Rückzug sprengten die Deutschen alles in die Luft, was sie zurücklassen mußten – so wie hier die Schienentrasse, deren Zerstörung den Vormarsch der Roten Armee aufhalten soll.

Die 18jährige Soja Kosmodemianskaja, Partisanin und Mitglied des Moskauer Komsomol, wird von Deutschen zur Hinrichtung geführt. Obwohl sie gefoltert wurde, brachten die Deutschen keinerlei Informationen aus ihr heraus. Sie wurde am 29. November 1941 gehängt. Das Schild, das sie um den Hals trägt, besagt: »Ich habe Häuser in Brand gesteckt.«

Kurz vor ihrer Hinrichtung wandte sie sich zu einem deutschen Soldaten und sagte: »Ihr könnt nicht alle 190 Millionen Russen aufhängen.«

Ein Kriegskorrespondent namens Lidin, der für die »Prawda« arbeitete, hörte als erster Auswärtiger Sojas Geschichte und entdeckte zwei Monate nach der Hinrichtung ihren steifgefrorenen Körper mit den Folterspuren. Sie trug immer noch einen Strick um den Hals. Sein Bericht machte aus ihr eine Heldin und ein Symbol für den Widerstand der Partisanen.

Heinrich Himmler, SS-Reichsführer und Chef der deutschen Polizei, inspiziert ein Kriegsgefangenenlager im besetzten Rußland. Die meisten dieser Lager dienten dazu, die Gefangenen einzusammeln, die anschließend als Zwangsarbeiter nach Deutschland geschickt wurden.

Mehr als drei Millionen sowjetischer Gefangener starben – entweder an Hunger, an Krankheiten oder an der brutalen Behandlung durch ihre Häscher. Gefangene Juden, Politkommissare oder Funktionäre der Kommunistischen Partei wurden auf der Stelle umgebracht.

Partisanengrüße aus den Sümpfen, Wäldern und Partisanenlagern in Weißrußland!

Jeden Tag passiert etwas Neues. Manchmal schlagen wir drein, daß sich die Deutschen ducken müssen. Manchmal sind wir in die Enge getrieben – dann weichen wir dem Kampf aus. Wir haben eine ganze Menge von Nazizügen zum Entgleisen gebracht. Manchmal schlagen wir uns die Bäuche voll und schlafen in warmen Betten, manchmal kriegen wir fünf Tage hintereinander nichts zu essen. Manchmal ist uns so kalt, daß uns die Zähne klappern. Es gibt Provokateure, Spione und Verräter. Manchmal entgehen sie ihrem gerechten Lohn, aber meistens lassen wir sie fühlen, wie genau die Kugel eines Partisanen ihr Ziel findet.

Meine Männer haben den Deutschen so übel mitgespielt, daß sie drei vollständige Divisionen zusammenzogen und auf der Suche nach mir die gesamte Region durchkämmten. Aber wir ließen sie unsere Kugeln spüren und machten uns dünn. Auf meinen Kopf steht schon jetzt eine beachtliche Summe, aber nach jeder solchen Aktion – und davon gibt es viele – steigt der Preis nochmals. Heute stehen 50000 Mark auf meinen Kopf, dazu das Eiserne Kreuz und ein wundervolles Leben in der deutschen Heimat für den Mann (samt seinen engsten Verwandten), der mich den deutschen Behörden tot oder lebendig übergibt.

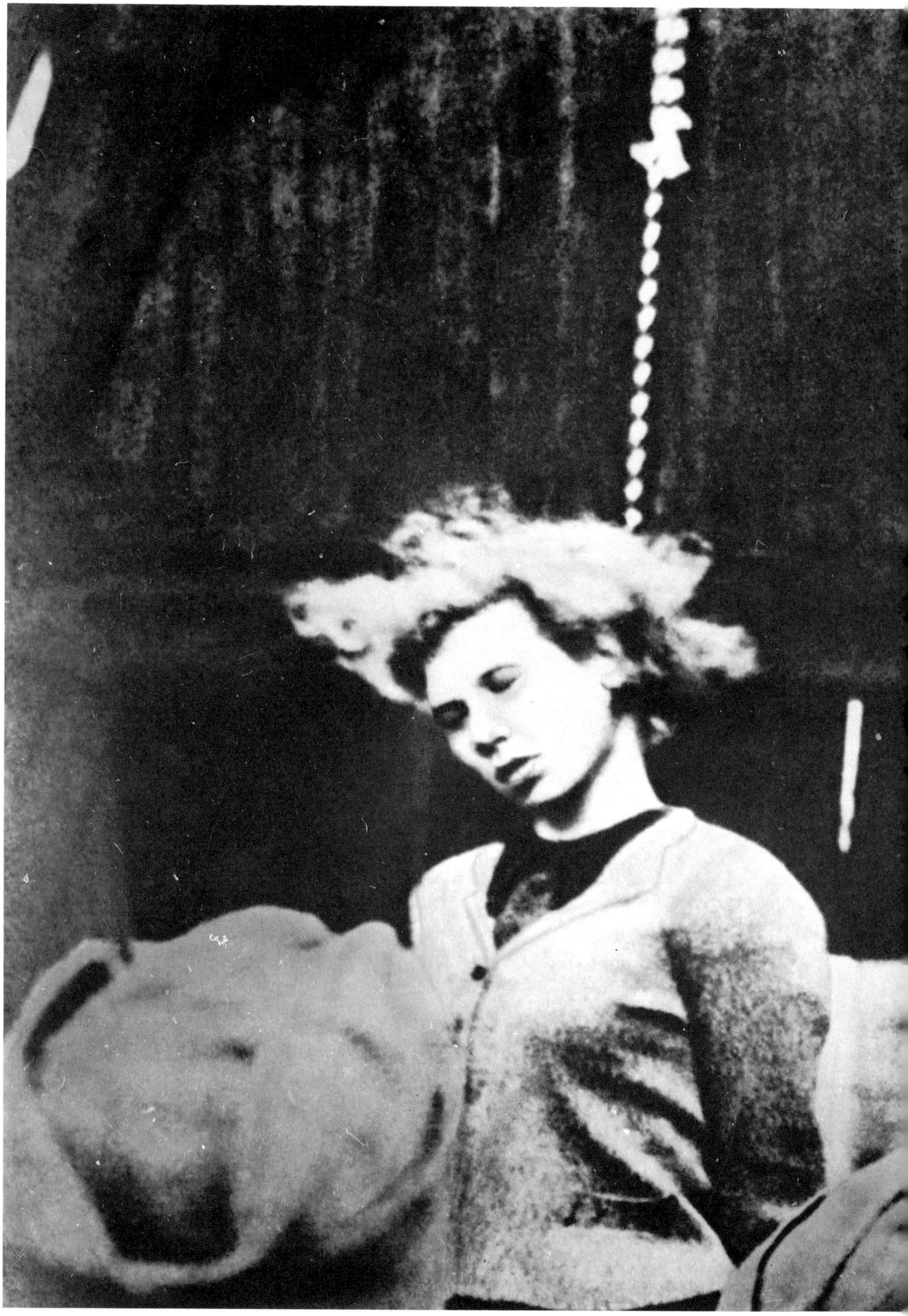

Hinrichtung junger Mitglieder der Untergrundbewegung von Minsk im Herbst 1941. Nach neuesten Schätzungen wurden während der Besetzung allein in Weißrußland, mit seiner Hauptstadt Minsk, eine Million Menschen brutal niedergemetzelt. Zu ihnen gehörten die gesamte jüdische Bevölkerung sowie viele Tausende von Partisanen und ihre Helfer – unter ihnen Frauen und Kinder.

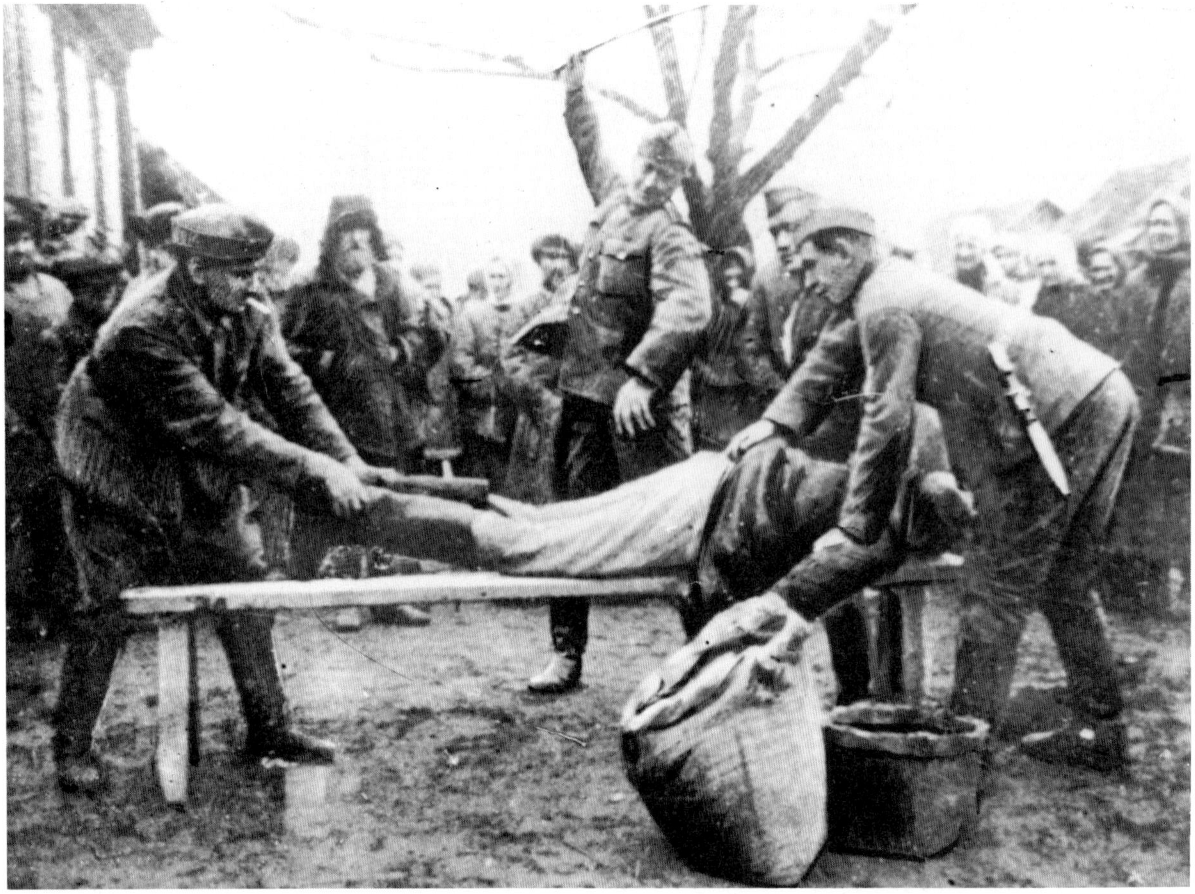

Von Beginn weg verhielten sich die deutschen Besatzungssoldaten in Rußland gegenüber der Bevölkerung viel brutaler als in den besetzten Ländern Westeuropas. Das Bild zeigt deutsche Soldaten, die einen Bauern verprügeln: Dieser hat sich geweigert, ihnen seine Lebensmittelvorräte auszuhändigen.

Hinrichtung russischer Partisanen. Die Deutschen erschossen oder erhängten alle Mitglieder der Kommunistischen Partei, darunter auch die Jungen Kommunisten. Die Grausamkeiten der Deutschen stärkten die Widerstandsbewegung. In Weißrußland gab es zum Beispiel im Februar 1943 erst 65000 bewaffnete Partisanen. Im Dezember waren es bereits 360000.

In den ersten Monaten versuchten die Deutschen, die Bevölkerung dazu zu bewegen, eine Arbeit in Deutschland anzunehmen. Als dieses Vorhaben scheiterte, wurden Zivilisten als Zwangsarbeiter abtransportiert; in Deutschland wurden diese in den Fabriken, auf Bauernhöfen oder als Bedienstete im Haushalt eingesetzt. Die Deportierten mußten ein aufgenähtes Etikett mit der Aufschrift OST tragen. Alles in allem wurden mehr als vier Millionen Ostarbeiter als Arbeitssklaven ins Dritte Reich verschleppt; die meisten stammten aus der Ukraine.

Landwirtschaftliche Produkte aus Weißrußland werden auf einen Zug in Richtung Deutschland verladen. Hier scheint es sich um Eier zu handeln, aber auch Butter, Fleisch, Kartoffeln und anderes Gemüse wurden requiriert und ins Reich transportiert.

Das Schild »Nur für Deutsche« fand sich auf Ladentüren, vor Restaurants und öffentlichen Bedürfnisanstalten. Ein ähnliches Schild trug den Wortlaut: »Ukrainer und Hunde nicht zugelassen!«

Die Hauptbedrohung für Partisanen ging von den Ortsbewohnern aus, die mit dem Feind kollaborierten und ihre Pläne verrieten. Das Bild zeigt Partisanen, die den starosta *oder Dorfchef gefangengesetzt haben. Dieser von den Deutschen ernannte Beamte hat teilgenommen an der Gefangennahme und der summarischen Hinrichtung von Sowjetabgeordneten, Partei- und Komsomolmitgliedern und ihrer Familien. Ein Dorfgericht wird ihn zusammen mit den Partisanen verhören und – falls das Verdikt auf »schuldig« lautet – erschießen oder erhängen lassen.*

In den besetzten Gebieten führte die Polizei die Hinrichtungen von Ortsbewohnern durch. Dieser Mann, der als Polizeichef für die Deutschen gearbeitet hat, ist von den Partisanen gefangengesetzt worden. In einigen Fällen – so etwa, als sich die Rote Armee Orel näherte – wurden starostas, *Bürgermeister, russische Polizisten und andere Verräter aufgefordert, sich zu bekehren und die Waffe gegen die Deutschen zu richten, indem sie sich den Partisanen anschlossen. Einige folgten diesem Vorschlag, andere schlossen sich ihren deutschen Herren beim Rückzug an.*

Nach der Befreiung wird ein Partisanenkämpfer für seine Tapferkeit mit einer silbernen Medaille ausgezeichnet.

Kursk

Nach der Wende von Stalingrad leitete die Rote Armee eine gewaltige Offensive ein, um die Angreifer aus dem Land zu werfen. Bis zum April 1943 drängte man die Deutschen bis zu tausend Kilometer weit zurück; an einigen Stellen standen sie jetzt hinter ihren Frontlinien des vergangenen Sommers. Als Antwort darauf versammelte das Oberkommando der Wehrmacht von überall her Truppen für einen Sommerfeldzug. Im Westen Europas entblößte man die Verteidigungsbollwerke, um neue Einheiten an die Ostfront werfen zu können. Im Frühling 1943 standen 198 deutsche und verbündete Divisionen in Rußland – mehr als zum Zeitpunkt des Überfalls. Mittels Frontverkürzungen und durch Umgruppierung schafften es die Deutschen dank den frischen Kräften, ihre Stellungen zeitweise zu halten. Die Rote Armee nahm Charkow ein, mußte die Stadt aber nach einer überwältigenden Gegenoffensive wieder preisgeben, bei der sich die Deutschen die allzu ausgedehnte Front des Gegners zunutze machten. Schukow eroberte Woronesch zurück, und weiter nördlich war es den Russen gelungen, in der Nähe von Kursk einen 240 Kilometer langen und 160 Kilometer breiten Frontvorsprung zu errichten.

Dieser Veteran von Kursk, Soldat bei einem Garde-regiment, trägt eine 7,62-mm-Maschinenpistole Modell PPSh 1941. Gegen Kriegsende trugen übrigens viele Soldaten große Schnurrbärte – teils, um Rasierklingen zu sparen, teils als Ausdruck eines gewissen Männlichkeitsgefühls. Bärte waren dagegen äußerst selten; nur sehr alte Soldaten trugen noch welche.

Trotz den neuen Kräften schafften es die deutschen Armeen nicht, auf der ganzen Front gegen die nun zu gewaltiger Stärke angewachsene sowjetische Streitmacht vorzustoßen. Ihre geplante Offensive – sie trug den Kodenamen »Zitadelle« – konzentrierte 50 Divisionen an den Flanken der Fronttasche: Man wollte sich für das Fiasko von Stalingrad rächen. Ende Juni standen den Deutschen 900000 Mann mit 10000 Geschützen, 2700 Panzern und 2000 Flugzeugen gegenüber.

Daß die Deutschen den Frontvorsprung womöglich in einen Kessel verwandeln würden, stand zu erwarten. Für die Generale des Dritten Reichs, deren militärischer Erfolg auf der Zangenbewegung beruhte, war dies die Lösung, die sich aufdrängte. Aber bei Stavka, dem sowjetischen Oberkommando, brauchte man nicht einmal auf solche Prognosen abzustellen. Hier besaß man detaillierte Informationen über das Vorgehen der Deutschen – dies durch einen Spion im OKW, der den Russen via die Schweiz eine Fülle von Nachrichten zukommen ließ, ebenso durch den britischen Nachrichtendienst, dem es gelungen war, die deutsche Verschlüsselungsmaschine »Enigma« zu knacken, sowie durch weitere Quellen. So gab ein deutscher Gefangener der Armeeleitung noch am Vortag die genaue Uhrzeit des geplanten Angriffs bekannt. Diesmal waren die Russen gerüstet.

Die Truppen der zentralen Front und der Front von Woronesch standen unter dem Befehl der Generale Konstantin Rokossowski und Nikolai Watutin; ihnen lag es ob, den Angriff aufzufangen und zurückzuschlagen. Das Oberkommando über den gesamten Abschnitt hatte Marschall Schukow inne, der Sieger von Moskau und Leningrad. Sein Plan bekam den Decknamen »Unternehmen Kutusow« und sah vor, erst die Kräfte der Deutschen verpuffen zu lassen und dann eine gewaltige Gegenoffensive einzuleiten. Hinter den Linien lauerte die Reservearmee von General (später Marschall) Iwan Konjew, die den Deutschen mit Infanterie-, Panzer- und motorisierten Divisionen den entscheidenden Schlag versetzen sollte. Seit dem Mai hatten die Soldaten der Roten Armee Minen gelegt und Gräben ausgehoben: eine Verteidigungsfront, die an einzelnen Stellen 40 Kilometer in der Tiefe maß.

Wie von den Russen erwartet, begann die Luftoffensive der Deutschen am 5. Juli bei Sonnenaufgang. Auf die massive Luftvorbereitung folgte auf einer Frontbreite von 50 Kilometern der Angriff der Neunten Armee in Richtung Süden. General Ehrfurt erinnerte sich später: »Die gesamten Offensivkräfte, die die Wehrmacht bereitstellen konnte, wurden in das Unternehmen Zitadelle geworfen.«

Die Schlacht von Kursk.

Aber nach zwei Tagen waren die Deutschen erst etwa 10 Kilometer tief in die Tasche vorgedrungen. Dann begannen sie im Süden vorzustoßen, wo sie bis zum 9. Juli etwa 30 Kilometer zurückgelegt hatten, während sie im Norden nur noch wenige Kilometer hinzuerobert hatten. Einige Einheiten hatte sich seit dem Beginn der Kampfhandlungen noch kaum vom Fleck bewegt. Die schweren Regenfälle, die die Weizenfelder rund um Kursk in einen Sumpf verwandelten, trugen noch dazu bei, den Vorstoß zu verlangsamen.

Das erste sowjetische Communiqué meldete: »Unsere Truppen haben 586 feindliche Panzer zerstört oder schwer beschädigt. 203 feindliche Flugzeuge wurden abgeschossen.« Ein Korrespondent aus dem Westen hielt fest: »Es waren die 586 Panzer, an denen sich die öffentliche Phantasie entzündete. Eine solche Leistung an einem einzigen Tag hatte es noch nie gegeben. Die allgemeine Euphorie auf diese Meldung hin glich derjenigen in London auf dem Höhepunkt der Luftschlacht um England.«

Die Deutschen reagierten genau so, wie Schukow es vorausgesehen hatte. Je mehr Treibstoff und Munition sie mit russischer Nachhilfe in den ersten Kampftagen verbrauchten, desto leichter würde es ihm fallen, sie im geeigneten Zeitpunkt zu schlagen.

Am 12. Juli brannte die Sonne heiß auf die Steppe. Der Boden, eben noch sumpfig, war wieder trocken. Die Deutschen hatten entschieden, gleichzeitig im Norden des Frontvorsprungs, bei Teploje, und im Süden, bei Prochorowka, durch die russische Front zu brechen. Generaloberst Hoth im Süden standen 600 Panzer zur Verfügung. Aber ihnen standen 850 sowjetische Panzer gegenüber, bemannt von frischen, zuversichtlichen Truppen. Hoth und der russische Kommandant, Generalleutnant Rotmistrow, waren bereits vor Stalingrad einmal aufeinandergetroffen – als die Deutschen ohne Erfolg zu einem Durchbruch angesetzt hatten, um ihre eingeschlossenen Truppen zu befreien.

Die beiden Armeen prallten auf einem schmalen Landstreifen zwischen dem Ufer des Psël und einem Eisenbahndamm aufeinander. Die Gegend war übersät mit kleinen Hügeln, Obstgärten, Schluchten und Geländerinnen. Mitten in den Weizenfeldern verborgen lagen sowjetische Panzerabwehrbatterien und Landminen. Während acht Stunden zitterte die Erde, als die beiden Verbände zur erbittertsten Panzerschlacht aufeinandertrafen, die die Geschichte je gesehen hatte. Sowohl die deutsche Luftwaffe wie diejenige der Roten Armee versuchten, ihre Kräfte aus der Luft zu unterstützen, aber die Verbände verbissen sich derart ineinander, daß die Bordschützen riskieren mußten, die eigenen Panzer zu treffen. Die Flugzeuge griffen sich also gegenseitig an – ein Kampf, der den ganzen Tag lang tobte. Auf dem Boden stürzten sich die Panzerbesatzungen aufeinander; viele hatten sich im von Staub- und Rauchwolken geschwängerten Chaos zwischen brennenden Panzern und explodierenden Landminen verirrt. Als die Nacht hereinbrach, hatten die deutschen Kräfte keinen Fußbreit Boden hinzugewonnen.

Dem deutschen Vorstoß bei Deploje im Norden des Frontvorsprungs kam eine sowjetische Gegenoffensive zuvor. Die Russen realisierten, daß die Deutschen das Gros ihrer Kräfte zum Angriff auf Kursk konzentrierten, und begannen nun ihrerseits, den deutschen Frontvorsprung abzuschnüren, der sich bei Orel ergeben hatte. Für diesen Angriff vereinigten sich Teile der Brjansker Front unter dem Kommando von General Popow mit der Westfront unter General Sokolowski. Er war so erfolgreich, daß die Deutschen gezwungen waren, vier aktive und Reservedivisionen der Neunten Armee abzuordnen.

In Sizilien waren zu diesem Zeitpunkt britische und amerikanische Verbände gelandet; in Italien drohte der Zusammenbruch. Endlich hatten die Alliierten damit begonnen, den Druck, der auf den Truppen der Sowjetunion lastete, zu vermindern. Hitler war gezwungen, Truppen von der Ostfront abzuziehen, um die Achsenmächte im Mittelmeer zu verstärken; das Unternehmen Zitadelle wurde abgeblasen.

Am 5. August gab Radio Moskau ein Kommuniqué durch, dessen allgemeiner Inhalt sich in den folgenden zwei Jahren erfreulich oft wiederholen sollte: »Heute, am 5. August, haben die Truppen der Brjansker Front in Zusammenarbeit mit denjenigen der Zentralfront und der Westfront nach erbitterten Kämpfen die Stadt Orel erobert. Ebenso überwanden die Truppen der Steppenfront und der Woronescher Front den feindlichen Widerstand und eroberten die Stadt Belgorod.«

In den deutschen Panzerverbänden, die sich in den westeuropäischen Feldzügen ausgezeichnet hatten, brannte man im Juli 1943 darauf, sich für die Niederlage von Stalingrad zu rächen.

In Kursk waren die Russen den Deutschen nach Mannschafts- und Geschützzahlen weit überlegen. Die Zahlen für Panzer und Flugzeuge hielten sich in etwa die Waage:

	Deutschland	*Rußland*
Soldaten	*900 000*	*1 337 000*
Geschütze	*10 000*	*20 220*
Fahrzeuge	*2 700*	*3 306*
Flugzeuge	*2 500*	*2 650*

Ein 57-mm-Panzerabwehrgeschütz Modell Zis-11 im Kampf gegen einen deutschen Panzer, der am Horizont sichtbar wird. Diese Geschütze waren so durchschlagskräftig, daß ihre Granaten auf 50 Meter eine 140 Millimeter dicke Stahlplatte durchschlugen. Im Jahre 1942 wurde die Produktion des Zis-11 eingestellt, da sich leichtere Kanonen ebensogut zur Panzerabwehr eigneten. Aber als die Deutschen ein Jahr später den Panzer vom Typ Tiger entwickelten, kam die Zis-11 wieder zu ihrem Recht, da man sie für die einzige Waffe hielt, die dem Tiger gewachsen war.

Die Sowjets begannen mit dem Beschuß des Feindes rund dreißig Minuten, bevor dieser seine Attacke geplant hatte. Zu diesem Zeitpunkt hatten sich alle seine Kräfte im Bereitstellungsraum versammelt. Die deutschen Verluste während dieses Vorgefechtes waren so hoch, daß der Angriff verschoben werden mußte. Das Bild, entstanden während der Beschießung, zeigt einen russischen Soldaten, der auf sein Geschütz zustolpert – eine Feldhaubitze Modell D-1 1943, die eine Reichweite von 12400 Metern aufwies und Hochexplosivgeschosse mit einem Gewicht von 51,1 Kilogramm verfeuerte.

Bild links: *In einem vorgeschobenen Graben überprüft Marschall Konstantin Rokossowski am Vorabend der Schlacht die Pläne, nach denen man der deutschen Offensive begegnen will. Details über diesen Angriff hatten dem russischen Nachrichtendienst schon im April vorgelegen. Rund um den Marschall Feldtelefone und Signalgeräte – beides erwies sich während der Schlacht als äußerst wichtig. Rokossowski trägt den Suworoworden, der ihm nach Stalingrad verliehen wurde. Diese hohe Auszeichnung wird nur im Krieg verliehen: für einen in krasser Minderzahl errungenen Sieg über den Feind während einer größeren Aktion.*

Auf der schwarzen, versengten Erde brannten die ausgeweideten Panzer wie Fackeln. Nur mit Mühe unterschied man, welche Seite angriff und welche verteidigte. Das zweite Bataillon der 181. Panzerbrigade des XVIII. Panzerkorps, das auf dem linken Ufer des Psël vordrang, traf auf eine Gruppe von Tiger-Panzern, die aus einer festen Stellung auf die sowjetischen Kampfwagen feuerten. Die wirkungsvollen, weitreichenden Kanonen der Tiger sind äußerst gefährlich, und unsere sowjetischen Panzer mußten versuchen, so schnell wie möglich in ihre Nähe zu gelangen, um diesen Vorteil des Feindes zunichte zu machen. Hauptmann P.A. Skripkin, unser Bataillonskommandant, befahl: »Vorwärts, mir nach!« Die erste Granate aus seiner Kanone riß die Seitenwand eines Tigers auf. Im gleichen Augenblick feuerte ein anderer Tiger auf Skripkins T-34. Eine Granate durchschlug den Panzer, eine zweite verwundete den Bataillonskommandanten. Der Fahrer und der Funker zogen den Kommandanten aus dem Panzer und brachten ihn zur nächsten Deckung, zu einem Granattrichter. Als sie einen Tiger geradewegs auf sich zukommen sahen, sprang der Fahrer, Alexander Nikolajew, mit einem Satz zu seinem beschädigten Panzer zurück, aus dem bereits die Flammen züngelten, warf den Motor an und raste auf den anrückenden feindlichen Panzer los. Wie ein lodernder Feuerball donnerte der T–34 über den Boden. Der Tiger stoppte, aber es war zu spät. Der Feuerball rammte den deutschen Panzer mit voller Geschwindigkeit. Die Explosion ließ den Boden erzittern.

Feuer hat diesen Tigerpanzer zerstört und seine Besatzung getötet – dies als Resultat eines Direkttreffers unter den Turm, der den Tiger außer Gefecht setzte.

Mitte 1942 verfügten die deutschen Streitkräfte über vier Panzertypen: schwere Panzer (Tiger), mittelschwere Panzer (Panther), dazu die Typen Pz III und Pz IV. Die Sowjets produzierten fast ausschließlich zwei Typen, den T-34 und den KV, wobei ihr Ausstoß an Kampfwagen denjenigen der Deutschen bei weitem übertraf.

Bild rechts:
Schwerverwundeter Soldat der Roten Armee in einem Schützenloch.

Während der Schlacht. Ein Panzer T-34 mit Infanteristen passiert ein 76,2-mm-Feldgeschütz Modell SIS3 1942.

»Eine Eigenheit der Panzerabwehrkanone, die wir aus Erfahrung kennen: Läßt sie sich auf einen Kampf ein, so muß sie ihn durchstehen, sie kann nur gewinnen oder verlieren. Ein Infanterist oder ein Panzer können sich in praktisch jedem Stadium des Kampfes zurückziehen, aber nicht die Panzerabwehr.

Als die ersten feindlichen Panzer aufkreuzten, begannen wir alle, sie zu zählen. Ich versuchte es mehrere Male, aber jedesmal verlor ich den Faden. Ich erinnere mich, daß ich es beim letztenmal auf etwa 30 brachte. Aber aus dem Wald kamen immer neue Panzer auf uns zu . . . waren es nun 36 oder mehr oder weniger? Schließlich spielte das für uns keine Rolle mehr.

Erst als sie sich auf eine Entfernung von 450 bis 500 Meter genähert hatten, eröffneten wir das Feuer. Ein Panzer nach dem anderen wurde außer Gefecht gesetzt. Offensichtlich konnte sich der Feind nicht vorstellen, daß eine einzige Kanone sich mit 36 Panzern und der begleitenden Infanterie anlegte. Zweifellos vermuteten sie starke Kräfte auf unserer Seite. Als ein Panzer nach den anderen ausfiel, wurden sie noch in ihrem Glauben bestärkt.«

(Aus dem Tagebuch von Hauptmann Nikolai Kanischew).

Die Rote Armee legte ein ganzes Geflecht von Schützengräben und Verbindungsgräben an, die für die Truppen ein flexibles Verteidigungssystem darstellten. Die Gräben waren gestaffelt mit Verbindungspassagen, so daß die Soldaten sich zurückziehen konnten. Jede Passage wurde durch ein Maschinengewehr bewacht.

Die Russen beschlossen, die Deutschen bei Kursk angreifen zu lassen, damit sie so viele Panzer wie möglich außer Gefecht setzen und dann zum Gegenangriff ansetzen konnten.

Das Bild zeigt ein Maxim-Maschinengewehr 1910 auf einer Sokolowlafette. Es unterstützt eine russische Infanteriekompanie – dies im Juni 1943, am Rande des Frontvorsprungs von Kursk.

Als zum ersten Mal ein Panzer auf mich zukam, war ich sicher, das Ende der Welt sei gekommen, ehrlich. Dann kam der Panzer noch etwas näher, und dann begann er zu brennen, und ich dachte: Das ist das Ende für ihn, nicht für mich. Nur nebenbei – wissen Sie, wie viele Zigaretten ich während dieser Schlacht rollte und rauchte? Fünf Stück. Nun, vielleicht rauchte ich sie nicht alle zu Ende. Ich will Sie nicht belügen, aber ich rollte fünf Zigaretten. Während der Schlacht ist das so: Man legt sein Gewehr weg, wenn man etwas Zeit hat, und zündet sich eine Zigarette an. Man darf rauchen, während eine Schlacht läuft. Aber was man nicht darf, das ist sein Ziel verfehlen. Wenn man nicht trifft, dann braucht man diese Zigarette auch nicht mehr. So ist es nun mal.

Ein Soldat legt den Eid ab.

Bild rechts: *Piloten legen den Eid auf ihre Regimentsfahne ab. Der Eid begann: »Ich, ein Bürger der Union der Sozialistischen Sowjetrepubliken, gelobe, daß ich als Soldat der Streitkraft ehrenhaft, tapfer, gehorsam und wachsam kämpfen werde, daß ich militärische Geheimnisse treu bewahren will und ohne jeden Widerspruch alle militärischen Vorschriften und die Befehle meiner Vorgesetzten befolgen werde.« Es folgt das Gelöbnis, sich die Kenntnisse des Kriegshandwerks anzueignen und – dies vor allem – das Heimatland bis zum Tode zu verteidigen. Abschließend heißt es »Sollte ich meinen Eid brechen, so möge mich die strenge Strafe des sowjetischen Gesetzes und der immerwährende Haß und die Verachtung der arbeitenden Massen treffen.«*

Zu den schwersten Aufgaben des Krieges zählte das Verschieben der schweren Geschütze, zusammen mit Munitionskisten und Granaten, über unwegsames Gelände. Jede Geschützmannschaft war für das Vorwärtskommen der eigenen Kanone verantwortlich. An manchen Tagen der Schlacht von Kursk legten einige Geschütze bis zu 20 Kilometer zurück. Oft mußten sie innerhalb eines Tages mehrere Male vorrücken und sich zurückziehen und sich dazwischen gegen feindliche Panzer verteidigen. Das Geschütz im Bild ist eine 76,2-mm-Feldkanone Modell SIS 3, die 1120 Kilogramm wog und Geschosse im Gewicht von 6,21 Kilogramm verfeuerte.

Am Vorabend einer Schlacht gingen die Männer nicht schlafen, dafür erledigten sie alle möglichen kleinen Arbeiten. Sie empfanden diese eigenartige Seelenruhe, die einen manchmal vor einem wichtigen Ereignis im Leben überkommt. Sie flickten ihre Kleider, sie paßten ihre Stiefel an, damit sie sich darin wohl fühlten, sie bastelten an den Waffen herum oder rasierten sich gegenseitig. Einer der Soldaten wollte frische Unterwäsche anziehen, aber die anderen hinderten ihn daran. »Was ist los mit dir«, sagten sie, »machst du dich zum Sterben fertig? Warte noch ein bißchen, wir haben noch eine Menge Kämpfe vor uns. Nachher ist noch Zeit genug zum Wechseln.« Die alten Hasen sagten zu ihm: »Behalt dir die saubere Wäsche für den Sieg auf. Du brauchst sie, wenn du nach Hause kommst.«

Erfahrene Offiziere der Luftwaffe leiteten von den zuvorderst gelegenen Schützengräben aus die Bomber über Funk in ihre Ziele. Dieser Major der Luftwaffe steht im Funkkontakt mit den Kameraden am Boden.

Die Iljuschin Il-2 Sturmowik war wahrscheinlich das berühmteste aller russischen Flugzeuge des Zweiten Weltkriegs. Zwischen 1941 und 1944 wurden nicht weniger als 36 163 Stück dieses Typs produziert. Wegen seiner schweren Panzerung, die massiertem MG-Feuer standhielt, hieß die Il-2 auch »fliegender Panzer«. Die Il-2 war für den Tiefflug ausgerüstet und deshalb sehr schwer zu treffen. Ihr einziger schwacher Punkt war die Kabine des Funkers, der gleichzeitig als Bordschütze diente. Das Flugzeug selbst und der Pilot überlebten die meisten Angriffe, aber die Verluste an Bordschützen waren sehr hoch.

Die Schlacht von Kursk sah den ersten Einsatz von Panzerabwehrbomben, die den Panzer von oben durchbohrten und in seinem Inneren explodierten.

Ein leichter Bomber vom Typ PO-2.

Gegenangriff russischer Truppen. Die Panzer vom Typ T-34 sind noch mit den älteren 76-mm-Kanonen ausgerüstet. Die Infanteristen ließen sich auf der Seite der Panzer in den Kampf tragen, aber wenn sich das feindliche Feuer verstärkte, war es für sie sicherer, neben dem Panzer herzurennen.

Brennendes Weizenfeld während der Schlacht von Kursk.

Ein deutscher Kanonier, dessen Geschütz außer Gefecht gesetzt worden ist, wartet auf die Gefangennahme durch die Russen. Nach sowjetischen Zahlen beliefen sich die deutschen Verluste in Kursk auf 70000 Gefallene, 2000 Panzer und 195 Selbstfahrgeschütze, 844 Feldgeschütze, 5000 Motorfahrzeuge und 1392 Flugzeuge.

Leuchtraketen beleuchten das Kampfterrain für einen Nachtangriff.

Am 5. August 1943 flattert wieder die russische Fahne über der Stadt Orel. Am gleichen Tag sendete Radio Moskau Josef Stalins Tagesbefehl: »Heute, den 5. August, um 24 Uhr, wird die russische Hauptstadt die tapferen Truppen, die Orel und Belgorod befreiten, mit zwölf Artilleriesalven aus 120 Kanonen ehren. Ich drücke meinen Dank an alle Einheiten aus, die an der Offensive teilnahmen. Ewiger Ruhm den Helden, die im Kampf für die Freiheit unseres Landes fielen. Tod den deutschen Eindringlingen!«

Als direktes Resultat brachte die Schlacht von Kursk die Befreiung zweier Provinzhauptstädte: Orel und Belgorod. Von der Vorkriegsbevölkerung Orels, 114 000 Einwohner, waren nur noch 30 000 am Leben. Man schätzt, daß rund 12 000 Bürger von den Deutschen ermordet und weitere 24 000 als Arbeitssklaven ins Dritte Reich verschleppt wurden, während im harten Winter 1941/42 Tausende dem Hunger zum Opfer fielen. Die Stadt war zur Hälfte zerstört, ebenso alle Brücken, als die Rote Armee am 5. August 1943 einrückte.

Zu Kriegsbeginn traf man noch sehr viel Selbstzufriedenheit an. »Klare Sache, wir gewinnen«, hieß es allgemein, und diese Zuversicht hatte auch ihre negativen Auswirkungen. Denn wenn der Sieg ohnehin auf unserer Seite war, brauchte es vielleicht gar nicht so unmenschliche Anstrengungen unsererseits, vielleicht erledigte sich alles ohne unser Dazutun. Nur daß die Deutschen losballerten, ohne hinzusehen. Ein bitterer Witz, der zur Zeit von Stalingrad im Umlauf war, erzählt von einem Soldaten, der mit 150 Patronen in die Schlacht ging. Als man ihn zum Feldlazarett schleppte, hatte er 151 Patronen – er hatte nicht einmal Zeit gefunden, sein Gewehr abzufeuern.

Dann gab es das andere Extrem – Todesverachtung. Da wurde drüber geschrieben und gelobhudelt, das sei die wahre Tapferkeit. Aber so Mitte 1942 traf man viel zu viel von dieser Todesverachtung an, und trotzdem waren wir weiter vom Sieg entfernt denn je. Manchmal wird die Lage so schrecklich, daß der Tod wie eine willkommene Erlösung wirkt. Das sind keine leeren Worte. Aber allmählich las man nicht mehr so häufig von dieser Todesverachtung. Aufgabe des Soldaten war nicht, mit fliegenden Fahnen zu sterben, sondern den Feind zu töten.

Die Befreiung des Landes

Bis zum Jahre 1936 stammten sämtliche sowjetischen Mörser aus Frankreich oder Deutschland – als Anschaffung aus dem Ersten Weltkrieg oder aus der Zeit der russisch-deutschen Zusammenarbeit nach dem Vertrag von Rapallo in den 1920er Jahren. 1936 führten die Russen jedoch die ersten Mörser ein, die sie selbst konstruiert hatten, so den M 1936 (82 mm). Die sowjetischen Mörser variierten im Kaliber zwischen 50 und 160 mm.

Nach der Schlacht von Kursk lag die strategische Initiative bei den Streitkräften der Sowjetunion; die Wehrmacht mußte sich auf Verteidigungsmaßnahmen beschränken. Jetzt machte sich die Rote Armee daran, die Landesteile, die in den Jahren 1941/42 in feindliche Hand gefallen waren, zurückzuerobern. Der Befreiungsfeldzug bestand aus zehn einzelnen Offensiven, die an verschiedenen Stellen entlang einer 3200 Kilometer langen Front lanciert wurden. Im Herbst 1943 hatten sich die Deutschen ans Westufer des Dnjepr zurückgezogen. Charkow wurde am 23. August eingenommen, Smolensk am 25. September und Kiew am 6. November.

Am 14. Januar 1944 begann die erste der genannten zehn Offensiven – die Befreiung von Leningrad. Zwischen dem 14. und dem 27. Januar zerschlugen sowjetische Verbände die deutschen Verteidigungsstellungen rund um die Stadt. Im Süden Leningrads wurde das Gelände bis nach Nowgorod gesäubert, und während der nächsten zwei Wochen stieß die Rote Armee nach Westen vor, wo sie Luga eroberte, rund 130 Kilometer südlich von Leningrad gelegen. In dieser Offensive wurde allgemein mit massiver Feuervorbereitung gearbeitet – so fielen allein am ersten Tag 500000 Geschosse auf die deutschen Bunker. Solche Artillerieangriffe gehörten jetzt zur Standardstrategie der Sowjets. Sie forderten den Deutschen schwere Verluste an Männern, Panzern und Geschützen ab. Das Hauptziel dieser Offensive, die Rückeroberung der Eisenbahnlinie Moskau – Leningrad, wurde am 27. Januar erreicht.

Die zweite Offensive fand in den Monaten Februar und März in der Ukraine statt – dies unter so schwierigen Bedingungen, daß sie unter dem Namen »Schlammoffensive« in die Geschichte einging. Vier Armeefronten der Roten Armee nahmen an einer Folge von massiven Angriffen teil, die den Gegner aus dem südlichen und östlichen Teil der Ukraine verdrängten. Auch hier erlitten die Deutschen schwere Verluste an Soldaten und Material.

Mit der dritten Offensive eroberte man den Schwarzmeerhafen Odessa zurück und befreite die Halbinsel Krim. Odessa wurde vom Norden her umgangen und fiel am 10. April. Daraufhin wandten sich die sowjetischen Verbände der Krim zu, die laut Hitlers Befehlen um jeden Preis zu halten war. Den ganzen April hindurch dauerten die Kämpfe an. Sewastopol fiel am 19. Mai: Das Nordufer des Schwarzen Meeres stand wieder unter russischer Herrschaft.

Die vierte Offensive richtete sich gegen Finnland. Die Finnen hatten sich dem deutschen Vormarsch auf Rußland angeschlossen – dies in der Hoffnung, die Gebiete zurückzuerobern, die sie unter dem Vertrag von Moskau vom 12. März 1940 hatten abtreten müssen. Die finnischen Truppen waren über die Grenze des Jahres 1939 hinaus vorgedrungen, obwohl hier betont werden muß, daß die meisten Finnen ihrem deutschen »Verbündeten« keine großen Sympathien entgegenbrachten. Im neutralen Schweden hatten vorsichtige Friedensgespräche begonnen, aber in der sowjetischen Regierung war man der Meinung, nur bewaffnete Gewalt würde die Finnen an den Verhandlungstisch zwingen. So begann denn der Vorstoß auf Finnland am 9. Juni 1944; er führte durch den Isthmus von Karelien nach Wiborg. In knappen zwei Tagen brachen die finnisch-deutschen Verteidigungslinien zusammen, und bis Ende Juli hatte man die Finnen auf die Grenze des Jahres 1940 zurückgedrängt. Hier blieb die Rote Armee stehen, ohne den erwarteten Vorstoß auf die finnische Hauptstadt anzuschließen.

Die fünfte Offensive fand in den Monaten Juni und Juli in Weißrußland statt. Am 23. Juni begannen sowjetische Truppen ihren Marsch in Richtung Pripjetsümpfe; gleichzeitig wurde die Grenze zu Polen auf einer weiten Front durchstoßen. Anfang August überquerten die ersten russischen Einheiten den Njemen; ebenfalls am 1. August begann die polnische Heimatarmee mit ihrem Aufstand gegen die Besetzer. Logistische Schwierigkeiten – ebenso aber politisches Kalkül – hinderten die Russen daran, ihre Verbündeten zu unterstützen. Während 63 Tagen kämpften die Polen gegen die Deutschen und ihre osteuropäischen Verbündeten, die Akte von unvorstellbarer Grausamkeit gegen die Zivilbevölkerung begingen. Als sich das polnische Oberkommando am 3. Oktober 1944 ergab, war Warschau eine zerstörte Stadt; 200000 seiner Bürger hatten den Tod gefunden.

Die sechste Offensive befreite die westliche Ukraine – dies in den Monaten Juli und August. Die Rote Armee eroberte Lwow und überschritt die Weichsel. Nach einem vergeblichen Versuch, in Richtung Krakau durchzubrechen, zog man sich südlich von Warschau auf den wichtigen Brückenkopf von Sandomierz auf dem Westufer der Weichsel zurück. Nach dem Scheitern des Vorstoßes auf Warschau hielt die Rote Armee nicht um jeden Preis am ursprünglichen Plan fest, durch Polen nach Deutschland durchzubrechen: Allzu dicht waren in diesem Gebiet die deutschen Truppen konzentriert.

Die siebente Offensive vom August 1944 brachte die Sowjets tief ins Landesinnere von Rumänien, dem deutschen Verbündeten. Nachdem man in den Kesseln von Jassi-Kischenew fünfzehn deutsche und mehrere rumänische Divisionen eingeschlossen hatte, stieß die Rote Armee ins eigentliche Herzland vor. Nach einem Staatsstreich vom 23. August, der den pro-deutsch gesinnten Diktator Antonescu wegfegte, schlossen sich die Rumänen dem Kampf gegen ihren früheren Verbündeten an. Am 31. August marschierte die Rote Armee in Bukarest ein. Von hier aus überrannte man Bulgarien sowie das östliche Jugoslawien und stieß mit Hilfe von Titos Truppen zur ungarischen Grenze vor.

Die achte Offensive befreite im September und Oktober die einstigen baltischen Republiken Estland und einen Großteil Lettlands von der deutschen Herrschaft. Am 29. September fiel der Ostseehafen Tallin, die Hauptstadt Estlands, in russische Hand, rund drei Wochen später die lettische Hauptstadt Riga. Dreißig

Begeisterter Empfang für die Rote Armee.

Befreiung: die russische Winteroffensive des Jahres 1944.

deutsche Divisionen hatten sich auf die Halbinsel Kurland zurückgezogen und bildeten dort ein Widerstandsnest, das bis zur Kapitulation Deutschlands bestand.

Die neunte Offensive dauerte von Oktober bis Dezember. Ihr Hauptziel: die Achsenmächte in Ungarn, dem letzten europäischen Verbündeten, zu schlagen. Am 23. September marschierte die Rote Armee in Jugoslawien ein. In weniger als einem Monat befreite man, zusammen mit den Partisanentruppen von Marschall Tito, den größten Teil des Landes mitsamt der Hauptstadt. Darauf drangen Einheiten der Roten Armee zusammen mit rumänischer und bulgarischer Unterstützung nach Ungarn vor, wo deutsch-ungarische Verbände immer noch die Hauptstadt Budapest hielten. Während zweier Monate wurde rund um die Stadt erbittert gekämpft. Aber die Besetzer hielten aus, so daß die russischen Streitkräfte an der Stadt vorbei weiter vorstießen. Zu Ende Dezember hatte man den größten Teil Ungarns befreit und die Grenze der Tschechoslowakei erreicht.

Die zehnte Offensive schließlich sah die russischen Streitkräfte im Oktober hoch im Norden – in Lappland – im Kampf gegen die Deutschen. Hauptziele des Vorstoßes: der Hafen von Petsamo und andere strategisch wichtige Punkte, von denen aus man die Konvois der Alliierten, die kriegswichtiges Material nach Murmansk brachten, beschützen konnte. Wie immer begannen die Sowjets mit massivem Artilleriebeschuß der deutschen Stellungen, durchbrachen anschließend die Verteidigungslinien und nahmen Petsamo innerhalb dreier Tage. Eine Woche später hatte die Rote Armee die Umgebung vom Feind befreit und sich einen Weg in die Finnmark, die nördlichste norwegische Provinz, gebahnt.

Alle diese Erfolge kosteten Blut. Man schätzt, daß während der Befreiungsoffensiven 1400000 sowjetische Soldaten fielen.

Sowjetische Soldaten beim Straßenkampf in Sewastopol. Die Krimstadt wurde am 9. Mai 1944 befreit. Der britische Kriegskorrespondent Alexander Werth hat ausgerechnet, daß die Russen die Stadt in den Jahren 1941/42 während 250 Tagen hielten, obwohl die Deutschen ihnen zahlenmäßig weit überlegen waren. 1944 waren beide Seiten etwa gleich stark, trotzdem brauchten die Russen bloß vier Tage, um die Nazis zu vertreiben. Die Deutschen hatten auch nicht unter ungenügender Versorgung gelitten, da sie über die Häfen des Schwarzen Meers Nachschub erhielten.

Diese Frau gehörte zu den wenigen Zivilisten von Sewastopol, die nicht evakuiert wurden.

Nachtbomber vom Typ PO-2 kehren im Morgengrauen zu ihrem Stützpunkt zurück. Diese Flugzeuge nannte man auch »Kaffeemühlen« – dies wegen des unablässigen Lärms, den sie verbreiteten. Das war aber nicht der einzige Nachteil der PO-2. Die Pilotenkabine war nur durch eine Windschutzscheibe geschützt und sonst vollständig der Witterung ausgesetzt.

Bomber vom Typ PE-2 boten den feindlichen Jägern ein schwieriges Ziel, da sie beim Formationsflug einen sehr dichten Feuerteppich legen konnten.

Das Flugzeug, das vom Konstrukteur Wladimir Petljakow stammt, der im Jahre 1942 bei einem Flugunfall ums Leben kam, bildete das Rückgrat der meisten sowjetischen Bomberregimenter im Zweiten Weltkrieg. Seine Reichweite betrug 1000 bis 1500 Kilometer, und es konnte eine Bombenlast von zwölf 100-Kilo-Bomben tragen.

Bomber vom Typ PE-2 bei einem Bombenangriff. Diese zweimotorigen Flugzeuge kamen vor allem für Angriffe auf Truppenkonzentrationen, Flugplätze, Brücken, Bahnhöfe usw. zum Einsatz. In der zweiten Hälfte des Jahres 1943 wurde die Konstruktion leicht verändert, so daß das Flugzeug auch als Stuka-Bomber eingesetzt werden konnte. Beim Sturzflug visierte der Pilot ein Ziel an, warf die Bomben und zog dann das Flugzeug aus der Fallinie, was Flugzeug wie Pilot schweren Belastungen aussetzte.

Jagdflugzeuge vom Typ Yak-7 im Einsatz über Weißrußland (im Hintergrund ein getroffener deutscher Bomber).

Zu Kriegsbeginn waren die Flugzeuge der Roten Luftwaffe bedenklich veraltet; die wenigen modernen Flugzeuge wurden während der ersten Kampfhandlungen praktisch alle am Boden zerstört. Aber schon Ende 1942 produzierte die sowjetische Industrie moderne Flugzeuge in großer Zahl, wobei die Konstruktion laufend verbessert wurde.

Die Yak-Jäger waren sehr leicht gebaut und konnten von Erdpisten aus starten – bei den russischen Verhältnissen ein enormer Vorteil. Sie waren mit schweren Geschützen bestückt und konnten eine hohe Feuerdichte aufrechterhalten. Da sie aber nur beschränkte Treibstoffmengen mitführen konnten, war ihr Aktionsradius beschränkt.

Alles in allem wurden 6399 Yak-Jäger gebaut. Nach dem Il-11 waren sie das meistgebaute russische Flugzeug des Kriegs. Sie wurden auch für Experimente mit Raketensätzen verwendet – bis der erste sowjetische Düsenjäger, der Yak-15, am 24. April 1946 seinen Testflug absolvierte.

Infanteristen auf dem Vormarsch auf ein kleines Dorf, in dem sich deutsche Truppen verschanzt haben. Die deutschen Gefangenen, die in der Ukraine gemacht wurden, zeigten sich bitter enttäuscht über ihr Schicksal; viele glaubten immer noch an die Wunderwaffen, mit denen Hitler dem Feind Vergeltung androhte.

Bild rechts: *Am Dnjepr (1944).*

Eine kleine Kommandoeinheit im Kampf um ein ukrainisches Dorf. Für die Deutschen bedeutete die Ukraine eine wichtige Lebensmittelquelle. Aber ihre Versuche, die Lokalbevölkerung auf ihre Seite zu ziehen, scheiterten an der Unterdrückungspolitik von Reichskommissar Erich Koch, der die ukrainischen Bauern als »Nigger« bezeichnete.

Scharfschütze Ludmila Pawlitschenko, die mehr als 300 Deutsche tötete.

»Ich trat der Armee zu einer Zeit bei, in der Frauen noch nicht willkommen waren – besonders nicht weibliche Scharfschützen. Man bot mir an, Krankenschwester zu werden. Aber ich lehnte ab, da ich schon vor dem Krieg gelernt hatte zu schießen. Nur auf meine wiederholten Bitten hin setzte mich der Regimentskommandant als Scharfschützin ein.

Ich griff nicht zur Waffe, weil ich aufs Töten versessen war. Aber ich hatte die zerstörten Städte gesehen, die bis auf den Boden niedergebrannten Dörfer, die verwaisten Kinder, die alten Leute, die ermordeten Frauen und Säuglinge …«

Kleine Hügel verbergen uns vor dem Feind, und wir bahnen uns den Weg durch eine Schlucht zu den Laufgräben. Es ist feucht und neblig, aber das Gehen wärmt uns auf. Der Feind ist keinen Steinwurf weit von uns entfernt. An manchen Stellen sind unsere Schützengräben nur ein paar Dutzend Meter weit von den Deutschen weg, dann wieder trennen Hindernisse und Holzzäune die Fronten. Wir sind auf dieser Seite, und die Deutschen sind auf der anderen. Die Schützenlöcher für die Scharfschützen befinden sich zwischen den Vorposten und der Feuerlinie. Wir können die Stellungen des Feindes von hier aus sehen.

In den Gräben hört man die Stimmen der Deutschen, und manchmal kann man ihre Gesichter von bloßem Auge unterscheiden. Einige der Männer auf beiden Seiten der Front kennen sich nachgerade vom Sehen. Wenn ein Offizier den feindlichen Graben aufsucht, hören wir das am Zusammenschlagen der Absätze und an den abgerissenen Befehlen. Dann beginnt der Spaß.

Die Männer schleudern Handgranaten hinüber, und die Nazis antworten mit Granaten an langen Holzstielen. Unsere Burschen sind wahre Experten darin, die Dinger schon in der Luft aufzufangen und zurückzuschleudern.

Den Übergang über den Dnjepr werde ich mein Leben lang kaum vergessen. Jeder sollte sich nach bestem Ermessen eine Art Landungsgefährt basteln, also stellten wir riesige Kissen her, indem wir ganze Ladungen Stroh in unsere wasserdichten Zeltblachen einnähten. Ich bin am Ufer des Amu Darya in Zentralasien aufgewachsen, somit ein guter Schwimmer. Aber ich hatte ein automatisches Gewehr, zwei Magazine Munition, zwei Handgranaten, einen Spaten, um mich einzugraben, eine Flasche Wasser und eine Essensration – all das mußte mit hinüber ...

Die Nacht auf den 5. Oktober 1943 war dunkel, dunkler geht's nicht mehr. Wir waren bis in die Mitte des Flusses vorgerückt, als die deutschen Kanonen auf dem rechten, hochgelegenen Ufer des Dnjepr zu feuern begannen. Das Wasser spritzte rundum auf. Ich spürte, wie sich ein Fisch fühlt, wenn man ihn mit einer Ladung Dynamit fängt. Ich dachte an nichts anderes als daran, so schnell wie möglich ans rechte Ufer zu gelangen: Dort war ich vor den Granaten sicher. Das Feuer der Maschinengewehre war dagegen geradezu harmlos. Ich hatte viel mehr Angst vor den Händen der Ertrinkenden, die von allen Seiten her nach mir grabschten.

Nach einer Weile, die mir wie eine Ewigkeit vorkam, spürte ich festen Boden unter den Füßen. Das Ufer war übersät mit abgerissenen Gliedern und zerfetzten Körpern. Ich hatte geglaubt, mit Stalingrad und Kursk das Schlimmste hinter mir zu haben, aber der Übergang über den Dnjepr schlug beides, in Sachen Grausamkeit.

Spähtrupp beim Übergang über den Kuban (Krim). Die Wassertiefe wechselte hier völlig unerwartet, so daß die Männer Lastwagenreifen als Schwimmringe und Sperrholzblätter als Paddel benutzen mußten.

Frontsoldaten erhalten Post aus der Heimat. Da Briefumschläge äußerst rar waren, falteten die Schreiber ihre Briefe einfach zusammen. Diensttuende falteten sie in Dreiecksform, und solche Briefe wurden taxfrei befördert.

Sewastopol: Die Mannschaft eines Schiffsgeschützes mit großer Reichweite macht Pause im gepanzerten Unterstand.

An der Front wird eine Divisionszeitung hergestellt. Der Text wurde von Hand gesetzt, in einer transportablen Druckerei, die mit den Truppen reiste. Jede Front, jede Armee und jede Division veröffentlichte ihre eigene Zeitung, dazu bekamen die Truppen auch nationale Zeitungen wie »Prawda«, »Iswestija«, »Komsomol« und »Trud« geliefert. Dazu gab es die Zeitung »Roter Stern«, die täglich vom Volkskommissariat für die Verteidigung produziert wurde.

Die größeren Armee-Einheiten führten ihre eigenen Schneiderwerkstätten mit, in denen Soldaten dienten, die in Friedenszeiten als Schneider gearbeitet hatten. Hier wurden Uniformen repariert oder, wenn nötig, abgeändert. Nach den russischen Erfolgen im Jahre 1942/43 wurden auch die Uniformen etwas schicker.

Vor ihren unter Tarnnetzen verborgenen Panzern macht die Besatzung eines Panzers Toilette. Da es in der Armee nie genug ausgebildete Friseure gab, schnitten sich die Soldaten meist gegenseitig die Haare und halfen sich beim Rasieren aus, wenn keine Spiegel zu finden waren. Der Mann, der hier rasiert wird, trägt die Orden »Roter Stern« und »Patriotischer Krieg« – der erste 1930, der zweite 1942 eingeführt.

Nach dem Einsatz an der Front konnten sich manche Einheiten zum Ausruhen zurückziehen. Dazu gehörte das Ausbessern der Uniform. Das Bild zeigt eine Gruppe junger Soldaten, die saubere Kragen in ihre Uniformröcke einnähen. Die Köpfe sind ihnen wahrscheinlich aus hygienischen Gründen kahlgeschoren worden – manchmal konnten Fronttruppen während Monaten nicht duschen. Der Soldat im Vordergrund trägt Gamaschen statt Schaftstiefel, was eher selten war: Gamaschen beeinträchtigten die Blutzirkulation.

Ein Dampfbad gehörte zu den größten Annehmlichkeiten, die sich ein müder, verdreckter Soldat vorstellen konnte. Oft bauten sich Truppen im Feld ihre eigenen Badehäuser oder richteten bereits bestehende Häuser zu diesem Zweck her.

Die Soldaten der Roten Armee bekamen nach dem Besuch im Dampfbad oder nach schweren Kämpfen eine Wodkaration von 100 Gramm zugeteilt. In der Armee gab es auch den alten Brauch, den neuen Orden zu »spülen« – ein soeben erhaltener Orden oder eine Auszeichnung wurden gefeiert, indem man ihn in ein Glas Wodka fallen ließ. Der Soldat trank den Wodka aus und versuchte dann ohne Hilfe der Hände den Orden zwischen die Zähne zu klemmen.

Unternehmungslustige Flieger, denen solche Rationen allzu kärglich schienen, entdeckten eine Methode, mit der sie den Alkohol aus den Stoßdämpfern ihrer Flugzeuge absaugten. Sie gossen die Flüssigkeit durch den Filter ihrer Gasmaske und filterten so die schlimmsten Verunreinigungen weg, so daß ihnen mehr oder weniger reiner Alkohol blieb. Diesen mischten sie mit Sirup – ein liqueur chassis, *den sie mit Vergnügen kippten.*

Soldaten und Krankenschwestern tanzen in einer sonnenbeschienenen Waldlichtung.

An der Front schob niemand eine ruhige Kugel. Für uns Mädchen galt das besonders.

Von Beginn an meldeten sich viele Mädchen, auch wenn sie ihr Geburtsdatum fälschen mußten, um von 17 auf 19 Jahre zu kommen. Aber bald wurden auch wir eingezogen.

Die meisten von uns dachten, der Krieg sei heroisch und romantisch, aber dann ernüchterte uns die erste Begegnung mit der Wirklichkeit.

Ja, es war überall schwierig. Die Schwerverletzten waren so hilflos und mußten rund um die Uhr versorgt werden. Jedes Lazarett war überfüllt, die Luft voll von Gerüchen, die mit Parfüm nicht viel gemein hatten. Die jüngeren Männer, die auf dem Weg zur Besserung waren, stellten den Krankenschwestern pausenlos nach. Was sollten wir ihnen mit Anzeige und Versetzung an die Front drohen? Dorthin mußten sie ohnehin. Was sagte ein Mädchen einem Soldaten, der morgen in die Schlacht ziehen mußte, dessen Aussichten auf Überleben mehr als mager waren und der obendrein so attraktiv war? Etwa: Wir sehen uns nach dem Krieg?

Heute kann man leicht über so etwas sprechen. Aber damals stand der Tod hinter jedem von uns bereit. Und überdies nimmt das Leben eben seinen Lauf, auch wenn gerade Krieg ist. Frontheiraten wurden geschlossen. Regimentsbefehle machten aus den Paaren Ehepaare, änderten den Namen der Frau in denjenigen des Gatten um. Abtreibungen, damals in unserem Land verboten, waren in den Lazaretten zulässig. Die Frauen, die ihr Kind behalten wollten, wurden ausgemustert und mit einer Unterstützung nach Hause geschickt. Viele von uns blieben das ganze Leben lang ledig. Das Glück dieser Liebe an der Front war von kurzer Dauer.

Bild rechts: *Ein weiblicher Soldat kniet sich unweit einer 122-mm-Feldhaubitze Modell 1938 zum Bügeln der Uniform nieder. Das Bügeleisen wurde erhitzt, indem man es mit glühender Holzkohle füllte.*

Soldaten in der Ukraine waschen ihre Kleider. Große Armee-Einheiten verfügten über Wäschereien, aber oft mußten sich die Männer behelfen, indem sie ihre Uniform selbst wuschen.

Der Ruhmesorden, den dieser kleine Soldat trägt, wurde 1943 eingeführt und für außergewöhnliche Tapferkeit an Soldaten der Truppe abgegeben. Der Knabe gehörte wahrscheinlich einem Spähtrupp an.

Bild rechts: *Nach einem die ganze Nacht andauernden Kampf hat sich die Mannschaft dieses Mörsers schlafen gelegt. Die Rote Armee legte auf den Mörser großen Wert; bei einer Offensive wurde dieser mit vernichtendem Effekt in großem Stil eingesetzt.*

Eines der populärsten Lieder zu Kriegsende hieß »Die Nachtigall«; es entstand in den letzten Monaten des Jahres 1944 an der Front:

Singt sanft, ihr Nachtigallen,
laßt den Soldaten ihren Schlaf.
Der Frühling kam an die Front
und raubte den Burschen ihre Ruhe,
aber nicht mit dem Dröhnen der Kanonen …
Die Nachtigallen sind es, die ihnen die Ruhe rauben …

(Text: Alexei Fatjanow; Musik: Wasili Solowjow-Sedoi).

Hunde und Katzen, deren Besitzer umkamen, schlossen sich oft Armee-Einheiten an.

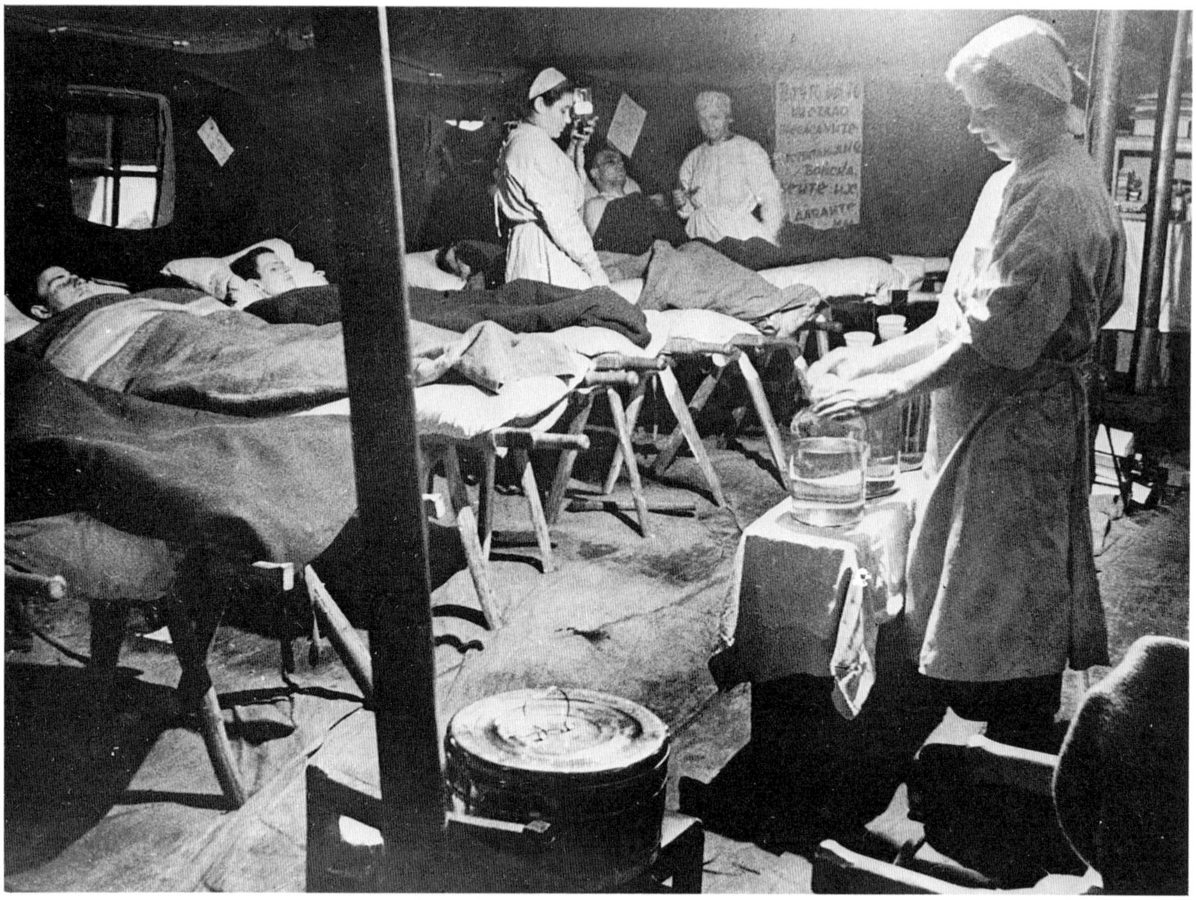

Krankenschwester beim Sterilisieren von Verbandszeug in einem Feldlazarett. Verwundete wurden so schnell wie möglich in ein Krankenzelt wie dieses gebracht. Wer transportfähig war, gelangte dann in ein Krankenhaus des Hinterlandes. Die anderen blieben – auf Betten, die eigentlich nur aus Bahren bestanden, die man aufgebockt hatte.

In einem befreiten Dorf wird das Begräbnis einer Frau vorbereitet. Nach altem russischem Aberglauben durfte der Sargdeckel nicht ins Haus gebracht werden, und der Kopf der Frau mußte beim Begräbnis bedeckt sein.

Während des Krieges fehlte es an Särgen, so daß viele Leute – darunter sehr viele Soldaten – in ihre Mäntel gewickelt begraben werden mußten.

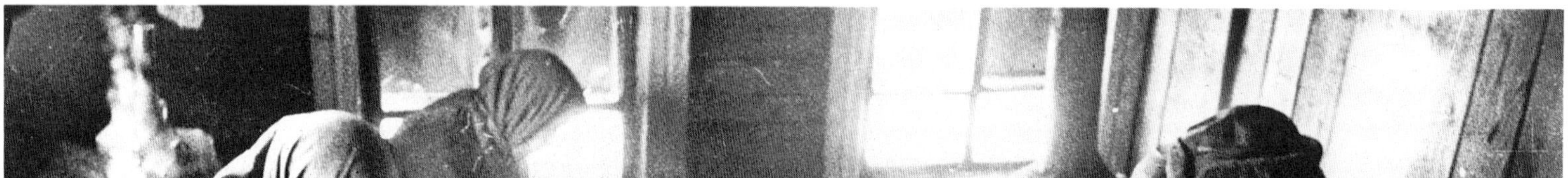

Soldaten in einem Unterstand beim Essen von Büchsenfleisch, das gemäß dem Lend-Lease-Übereinkommen von den USA geliefert wurde. In den Jahren 1942 bis 1944 sandten die USA insgesamt vier Millionen Tonnen Vorräte nach Rußland. Die russischen Soldaten nannten diese Unterstützung »die zweite Front« – eine ironische Anspielung auf das Fehlen einer Landfront im Westen, die erst mit der Invasion vom Juni 1944 zustande kam.

In den kalten Nächten habe ich mit manch einem Frontkameraden einen Soldatenmantel geteilt; viele von ihnen sind gefallen … Es gibt keine engere Bruderschaft als diejenige, die an der Front wächst, und der geteilte Mantel ist eines ihrer Sinnbilder. Mit einem Freund, der diese Nähe teilt, fühlt man sich warm und sicher.

Eigentlich braucht es zwei dieser Soldatenmäntel. Daß man den Mantel teilt, ist nur so eine Redensart. Was passiert also mit dem zweiten?

Als Kissen nimmt man den Tornister oder die mit Lammfell gefütterten Handschuhe (mit zwei Fingern, die das Schiessen erleichtern). Die Zeltblachen, die auch als Regenschutz dienen, legt man als Matratze auf den Boden, der Mantel dient als Wolldecke. Der schäbigere der beiden bedeckt die Füsse und Beine, der besser erhaltene den Oberkörper. Beide Männer legen sich auf die gleiche Seite. Wenn die gesegnete Chance winkt, die Stiefel auszuziehen, birgt man die Füße im Mantelärmel – ein Paar Füße pro Ärmel. Den oberen Mantelteil zieht man über die Schulter. Die Schulter des einen paßt in den rechten, die Schulter des anderen in den linken Ärmel. Das ergibt eine Art Schlafsack, warm und gemütlich. Wenn es außergewöhnlich kalt wird, zieht man den Mantel über die Köpfe – ein Kopf in den linken, ein Kopf in den rechten Ärmel.

Wenn die eine Körperseite steif wird und die andere starr vor Kälte, drehen sich beide Männer gleichzeitig um, und der unruhige Schlaf des Soldaten geht weiter …

Im Schwarzmeerhafen Poti werden Torpedos auf ein Unterseeboot verladen. Die wichtigsten sowjetischen Marinebasen am Schwarzen Meer waren Sewastopol, Noworossisk, Tuapse und schließlich das nahe der türkischen Grenze gelegene Poti. Im Hintergrund ein Kreuzer aus der Zeit vor der Revolution, die »Krasni Krim«.

Eine Patrouille russischer Torpedoboote auf dem Schwarzen Meer. Die aus Sperrholz gebauten und mit Flugzeugmotoren ausgerüsteten, sehr leichten und sehr schnellen Boote kamen vor allem gegen deutsche Transportschiffe zum Einsatz. Wenn eines dieser Schiffe einen direkten Treffer abbekam, blieb nichts davon übrig. Die Stärke der sowjetischen Marine lag im Zweiten Weltkrieg eher in solchen kleinen Einheiten als in den großen Verbänden von Schlachtschiffen oder Kreuzern.

Ein Seeflugzeug macht mit einer Wasserbombe Jagd auf ein feindliches Unterseeboot. Die Sea Hunters wurden für die Suche und zum Zerstören deutscher U-Boote und zur Begleitung eigener Schiffe eingesetzt.

Die Deutschen errichteten in den Bergen der Karpaten eine solch undurchdringliche Befestigungslinie, daß nicht an einen frontalen Angriff zu denken war. Die Russen mußten die Linie von der Flanke her attackieren. Zu diesem Zweck mußten Geschütze und Munition über Gebirgspfade geschleppt werden. Diese Munitionskiste wog bestimmt mindestens 50 Kilogramm.

Sowjetische Soldaten in den Bergen des Kaukasus, unterwegs zur Front. Ihre wichtigste Aufgabe: die Deutschen am Erreichen von Baku und der Besetzung der letzten verbleibenden Marinebasen zu hindern. Noch heute bergen die Gletscher des Kaukasus Waffen und Leichen aus der Zeit des Weltkriegs, die sich im Eis vollständig erhalten haben.

Ein Infanterist schleppt eine Last mit, auf die ein Maultier stolz sein könnte. Wer nicht allzu groß gewachsen ist, verschwindet praktisch unter all der Ausrüstung. Über der Schulter trägt er den gerollten Mantel, den Tornister und die Gasmaske (zum Teufel damit!), dazu kommen Helm, Spaten, Feldflasche und Kochgeschirr, ein Brotbeutel, eine Kartentasche …

Manchmal stopft man eine Panzerabwehrgranate in den Gasmaskenbeutel, dazu kommt ein weiterer Beutel für Patronen und die Ordonnanzmunition. Das alles noch ohne die Waffen – ein Gewehr oder eine Maschinenpistole, eine gewöhnliche Pistole. Und diese ganze Ausrüstung, wohlverstanden, ist nicht für einen Bühnenauftritt gedacht …

Ist es heiß, so rollt der Schweiß in Strömen herab. Man muß dieses Klischee in unserem Fall wörtlich nehmen. Salzige Schweißperlen trüben den Blick, Schweiß läuft unter den Kragen, durchnäßt den Rock. Was die Stiefel betrifft – darin könnte man Teelöffel ausspülen. Und man hat nicht jeden Tag Wasser zur Verfügung, kann seine Siebensachen nicht täglich auswaschen. Graufarbenes Salz setzt sich auf den Hemden ab, wenn man sich von der Sonne trocknen läßt. Ziehst du dein Hemd aus, so kannst du es neben dich stellen.

Der russische Frühling gilt allgemein als Zeit der rasputiza: die Saison der schlechten Straßen. Außerhalb der großen Städte verwandeln sich viele Straßen in Schlammpisten. Im Frühjahr 1944 war der Schlamm tiefer denn je. Das Bild zeigt sechs Pferde, die ein Geschütz über eine praktisch unpassierbare Straße schleppen.

Frühling 1944 in der Ukraine: Soldaten schieben einen Lastwagen an, der im Schlamm steckengeblieben ist.

Um sich den Staub der Straßen an der Front vorzustellen, braucht es sehr viel Phantasie. Praktisch bis zum Kriegsende marschierte die Infanterie auf ungepflasterten Straßen, deren Belag metertief zu feinem Pulver zertreten war. Die Stiefel sanken bis zum Knöchel in den Staub, die Gamaschen waren von einer festen Schicht bedeckt.

Wenn der Befehl zu einem kurzen Marschhalt ausgegeben wurde, ließen sich die Soldaten in den Staub fallen. Einige landeten im Straßengraben und nahmen sich nicht einmal die Mühe, den Tornister unter den Kopf zu schieben, wenn sie nur die Füße hochlagern konnten. Wir lernten, uns Seite an Seite hinzulegen, die Köpfe auf dem Schenkel des Nebenmanns vor dem Staub geschützt.

Dann wieder überholten Geschütze oder Panzer die marschierenden Kolonnen und hinterließen eine ganze Staubwand, die uns am Atmen hinderte. Staub knirschte zwischen den Zähnen und drang überallhin durch. Nur gerade die Zähne und die Augäpfel schienen weiß darunter hervor. Wenn wir blinzelten, stob Staub von den Wimpern.

Die Rote Armee legte riesige Strecken zu Fuß zurück. Hinter dem Infanteristen eine 37-mm-Panzerabwehrkanone.

Ein Funker mit tragbarem Kurzwellengerät nimmt Verbindung zu einem Spähtrupp hinter den feindlichen Linien auf.

Der Katjuscha-Raketenwerfer wurde erstmals 1941 in Weißrußland eingesetzt. In den folgenden Jahren sollte das charakteristische Heulen seiner Salven für die deutschen Soldaten zum vertrauten – und gefürchteten – Geräusch werden. Als Abschußrampe diente ein Lastwagen, der sechzehn Raketen gleichzeitig verschießen konnte. Obwohl die Elevation variabel war, zielte man ganz einfach, indem man den Lastwagen entsprechend richtete. Die Katjuscha hatte eine Reichweite von neun Kilometern und konnte in zehn Minuten neu geladen werden. Für die Deutschen hieß der Mehrfachraketenwerfer »Stalinorgel«.

Die Deutschen waren von der Unüberwindbarkeit ihrer Stellungen auf dem rechten Ufer des Dnjepr überzeugt. Aber die sowjetischen Truppen überquerten den Fluß an mehreren Stellen und richteten mehrere Brückenköpfe ein. Mehr als 3000 Beteiligte wurden danach mit dem Titel »Held der Sowjetunion« ausgezeichnet – mehr als ein Viertel der insgesamt 11 000 Fälle, in denen diese Auszeichnung verliehen worden war.

Das Bild zeigt Soldaten beim Bauen einer Pontonbrücke über den Dnjepr; der Mann im Vordergrund hält nach feindlichen Flugzeugen Ausschau. Das Schild links besagt: »Vorwärts nach Kiew«.

Wie man ein Geschütz ans andere Ufer bringt, ohne die Uniform naß zu machen.

Die Leute in den befreiten Dörfern haben nichts, was sie uns anbieten könnten, nicht die kleinste Erfrischung. Der Feind hat alles zerstört.

Die Frauen kauen Sonnenblumenkerne. Die Deutschen nennen sie herablassend »russische Schokolade«. Aber das ist uns egal, wir mögen sie. Sie helfen uns beim Marschieren die Zeit vertreiben. Ich bin diese Kerne nicht gewöhnt und brauche lange für eine Handvoll. Sie sind für mich zu einer Art Distanzmesser geworden. Wenn ich eine Tasche voll geknackt habe, weiß ich, daß wir zehn Kilometer zurückgelegt haben. Ich brauche nicht nachzurechnen.

Soldaten rollen Zigaretten mit billigem Machorkatabak. Da Zigarettenpapier schwer zu kriegen war, verwendete die Mannschaft, was immer an Papier greifbar war – meist Blätter der Regimentszeitung. Schon vor dem Krieg waren in der Sowjetunion Zigaretten westlicher Machart unbekannt gewesen. Es gab nur Papirossi – Papierpfeifen, die zur Hälfte mit Tabak gefüllt waren. Diese blieben während des Krieges aber fast ausschließlich den oberen Chargen vorbehalten. Stalin selbst zog seine Dunhill-Pfeife vor.

Improvisiertes Konzert für die Truppe. Neben der populären »Katjuscha« besangen die Schlager der russischen Truppen den »Kleinen blauen Schal«, den »Heiligen Krieg« sowie »Kostin, Matrose aus Odessa«.

Während des Vormarschs fanden die Burschen der Ersten Kompanie in einem Dorf, das die deutschen Flammenwerfer in Brand gesetzt hatten, ein altmodisches Trichtergrammophon. Die Soldaten schleppten das Ding überallhin mit, wohin sie der Krieg verschlug, und hüteten die paar Schallplatten wie einen Schatz. Eines der Lieder hieß »Stenka Rasin«. Die Nazis hörten oft, wie wir die Platte nachts abspielten, und forderten uns sogar auf, sie immer und wieder aufzulegen.

»Iwan«, riefen sie jeweils, »spiel Wolga, Wolga!«

Die Antwort war: »Also die Wolga wollt ihr, was? Nun, die kriegt ihr nicht. Niemals!«

Wir dringen entlang einer Karrenspur in eine Region vor, die soeben von Deutschen gesäubert worden ist. Überall sehen wir Spuren heftiger Kämpfe. Der Boden trägt gleichsam Pockennarben: Trichter von Granaten, Minen, Bomben. Wie wir weiterfahren, kommen wir immer häufiger an den Leichen von Menschen und Pferden vorbei. Der ekelerregende, süßliche Geruch des Todes zwingt uns, den Atem anzuhalten.

Wir kommen an einem Ort an, wo bis vor kurzem ein Dorf stand. Die Ruinen zerstörter Häuser ... überall rußbedeckte Schornsteine. Wir lassen unser Fahrzeug stehen und folgen schweigend einer alten Frau entlang dem Pfad, der einmal die Dorfstraße war. Zwei Hühner laufen herum. Wie sie uns Männer in Khaki sehen, drücken sie sich ohne ihr gewohntes Gackern zur Seite und verschwinden.

»Blöde Vögel«, sagt die alte Frau. »Sie denken, ihr seid Deutsche«. Und dann erzählt sie uns, daß die Deutschen in den besetzten Dörfern Jagd auf Enten, Gänse und Hühner machten.

Die Männer sind alle verschwunden, die Frauen und Kinder haben sich im nahegelegenen Wald versteckt. Jetzt kehren sie in ihr zerstörtes Dorf zurück und stöbern in den Ruinen herum – in der Hoffnung, irgend etwas zu finden, was die Zerstörung überstanden hat.